U0937591

和聪明的投资者一起学习投资

股东价值之路

基金经理解读巴菲特致股东的信

在六十年的长周期内
领悟“价值投资”的内涵

方　锐◎著

·北 京·

图书在版编目（CIP）数据

股东价值之路：基金经理解读巴菲特致股东的信／方锐著．
北京：中国经济出版社，2018.5
ISBN 978－7－5136－5186－8

Ⅰ．①股…　Ⅱ．①方…　Ⅲ．①投资—研究　Ⅳ．①F830.59

中国版本图书馆 CIP 数据核字（2018）第 084487 号

责任编辑　燕丽丽
责任印制　巢新强
封面设计　任燕飞

出版发行　中国经济出版社
印 刷 者　北京力信诚印刷有限公司
经 销 者　各地新华书店
开　　本　710mm×1000mm　1/16
印　　张　15.75
字　　数　180 千字
版　　次　2018 年 5 月第 1 版
印　　次　2018 年 5 月第 1 次
定　　价　56.00 元
广告经营许可证　京西工商广字第 8179 号

中国经济出版社 网址 www.economyph.com **社址** 北京市西城区百万庄北街 3 号 **邮编** 100037
本版图书如存在印装质量问题，请与本社发行中心联系调换（联系电话：010－68330607）

序言

当你谈价值投资时，你谈的是什么？

肖国元[①]

自沪深股市成立以来不足30年的时间里，A股投资者经历过高频兼大幅的起落。无论是大盘指数，还是个股价格，从终点回到起点的惨痛记忆令人唏嘘再三。为了摆脱这样的循环窘境，探寻有效的投资策略与方法，以赢取较高的投资回报，成了无数投资者的心头之急。

记忆中，直到2000年前后，随着公募基金登堂入室，一个被称作“价值投资”的概念开始进入A股投资者的视野。在随后的几年里，有关价值投资的各种解读以及与此有关的投资策略、投资技巧百花纷呈，好不热闹。但是，价值投资并没有大面积在A股市场生根发芽、开花结果，似乎还停留在启蒙式的概念阶段，只有极少数人尝到了价值投资的甜头。

价值投资再一次被抬举是2017年的事。这一年，蓝筹股行情的火爆与中小创股票被冷落的巨大分野，再一次刺激投资者的神经。由于

① 作者为证券时报·中国上市公司研究院副院长。

历史的叠加，这一回的价值投资似乎来得更真切，对投资者的刺激比过去任何一次都深刻。人们有更充分的理由认为，投资股票，除了价值投资，没有他途。

在谈论“价值投资”时，巴菲特是一道绕不过的坎。尤其是近10年来，每年与巴菲特有关的三大盛举总是如期而至：与巴菲特面对面的午餐券拍卖、巴菲特故乡奥马哈的股东大会之旅以及研读巴菲特致股东的信。投资者想尽办法接近巴菲特，目的只有一个：希望从他那里获得投资真经。

不过，事情也许会令大多数巴粉失望。被市场奉为圭臬的“价值投资”并不是巴菲特提出的概念，他也从来没有将自己的投资策略与方法定义为“价值投资”。说白了，这不过是好事者总结、归纳巴菲特几十年的投资行为而贴在巴菲特身上的标签而已。

重要的是，不管贴什么标签，针对股票市场，巴菲特确实有一套独门绝计，并且，凭着这套东西，几十年来一直在股票市场独领风骚，无人能出其右。可是，对于投资者而言，光知道“价值投资”四个字是无济于事的。重要的在于领悟“价值投资”的内涵，获得诸如此类问题的答案：价值投资与巴菲特的投资行为有什么关系？如何从巴菲特那里获取可资利用的投资方法与策略？从巴菲特的经验中能提炼出直接有效的投资手段吗？

众所周知，巴菲特有关股票投资的言论，绝大多数源自他每年写给股东的信。于是，人们希望通过研究、分析巴菲特给股东的信，从中破解其投资技巧。巴菲特给股东的信，每每洋洋万言，内容纷纭庞杂，包括经济环境、标的选择、投资过程、投资理念、回报比较、路径转移、失手原因以及成败感悟等。一般人读了以后总是云山雾罩，难明就里。即使被人从中提炼出来的一些要点，也是说辞纷呈，百人千口。从巴菲特历年来给股东的信中，我们可以看到一些与价值投资有关的关键词：保守、不可预测、被低估的股票、安全边际、分散投资、护城河、长期持有、相对回报、内在价值等。这些构成了巴菲特投资理念与策略的核心与基础。但这些词具体的内涵是什么、相互之间的逻辑关系是什么以及如何应用它们，巴菲特并没有严谨的论说，更没有将它们一般化，变成概念清晰、逻辑严谨、系统完善的理论体系。

可以看出，“价值投资”不是一个简单的概念，更不是可以随手拿来使用的“菜刀”与“扳手”。由此，我们也许明白了巴菲特为什么没有将自己的成功之道简单地归纳成“价值投资”四个字的理由。

事实上，对于何者为“低估”、“长期”到底有多长、怎么才叫“分散”、“安全边际”究竟多大、“相对回报”是多少才合理这类问题，一千个人可能有一千个答案，就像一百个人心里有一百个哈姆雷特一样。

事情缘何如此?

按照奥地利学派经济学的理论，所谓的“价值”不是一个独立的客观存在，更不是一成不变的实在物，它会因人而异，因时而变。对你有价值的东西，在别人眼里也许一文不值；今天昂贵的东西，过几天其价格也许一落千丈。可以说，“价值”是主观的、相对的。以它为基础的“价值投资”是一个“质”的概念，而不是一个“量”的方法。因此，价值投资，与其说是投资方法，不如说是投资理念；与其说是投资理念，不如说是投资哲学。因此，希望轻轻松松能从巴菲特那里获得简单、直接、有效的投资方法，几乎是不可能的事。

正是基于这样的考虑，唯有全面完整地了解巴菲特、认识巴菲特，才能感悟巴菲特的成功之道。唯有通过这样一个历练过程，我们也许才能明白价值投资的奥妙与真谛，才能在遵循巴菲特投资哲学的基础上总结出具体有效的投资方法与策略。

大道至简，大道无形。“价值投资”就是这样的道，值得你追求！

前言

探寻股东价值

自1609年世界上第一家证券交易所——荷兰阿姆斯特丹证券交易所成立以来，股票市场的历史已经跨越了整整四个世纪。不过，在长达400年的时间里，真正能够在证券市场上持续几十年并取得高回报的投资者少之又少。绝大多数人难以取得持续的超额收益，很多人甚至是以亏损铩羽而归。“7亏2平1赚”的魔咒久久盘旋而挥之不去。投资为什么不容易？

有效市场假说

金融市场当然少不了“学院派”的观点。20世纪60年代，奥斯本提出了“随机漫步理论”，他认为股票价格的变化类似于化学分子的“布朗运动”（悬浮在液体或气体中的微粒所做的永不休止的、无秩序的运动），具有“随机漫步”的特点。也就是说，证券价格的波动是随机的，没有规律可循的。“随机漫步理论”的提出间接否定了证券市场中的图表技术派。

但是，当时包括经济学家萨缪尔森等人的看法是：金融市场并非不按经济规律运作，甚至可能恰恰相反。

紧接着，尤金法玛在70年代提出了有效市场假说。“有效市场”是这样一个市场：市场中存在着大量理性的、追求利益最大化的投资者，他们积极参与竞争，每一个人都能轻易获得当前的重要信息。在一个有效市场上，众多精明投资者之间的竞争导致这样一种状况：在任何时候，单个股票的市场价格都反映了已经发生的和市场预期将会发生的事情。如果这个假说成立，也就意味着试图通过买入被低估的股票，待其回归“内在价值”后卖出的基本面分析者所做的工作都是徒劳的。

路边苦李

证券市场真的如此有效吗？让笔者从一个故事说起：

古时候有这样一个传说：有个叫王戎的人在七岁的时候，有一次和其他小朋友出去玩。他看到路边的李子树上结满了李子，多到都要把树枝压断了。许多小孩争相跑去摘李子，只有王戎纹丝不动。有人问他原因，他说：“这李子树就长在路边，却结满了那么多的果实而没人摘，其果实必定是苦的。”后来别人摘来果实一尝，果然如此。故事很快就传开了。甚至当地的教育部门都把这个故事写进教科书中，叫作《路边苦李》。以此来告诫大家这个道理：李子长在大路边而无人摘，必苦也。

这个故事本身似乎恰恰说明了市场是有效率的，想“捡漏”没那么容易。不过，各位看官先别急着下结论：第二年，王戎和一群小朋友又去郊外玩耍，忽然看见路边又有一棵李子树，树上结满了李子，上面的李子个儿大皮红。这一次小朋友们都对李树视而不见，没有人跑过去摘李子。只有王戎走过去摘了一个尝了尝，然后坐下来美美地吃了一顿。小伙伴们惊讶地问他：“路上的李树，结满了果实而没人摘，难道不苦吗？”王戎回答说：“现在大家都知道了‘李子生大路而无人摘，必苦也’的道理。大家肯定以为路边的李子都是苦而不能吃，所以都没有去尝过。因此我一定要亲自尝一尝才知道啊！”

由此可见，无须去争论“有效市场假说”中“理性人”与“充分获得信息”等假设条件。假如市场上所有的人都认同“有效市场假说”，大家都不再阅读信息，努力预测，积极参与（因为这样做是徒劳的），则市场很快又会变得缺乏效率，“机会之门”又将对积极参与的投资者重新打开。所以，“有效市场假说”自身便埋下了矛盾的种子，难以实现。

“掷币大赛”

既然市场不是完全有效的，那么是否有一些人能够通过一些特定的投资方法（或投资哲学）取得不错的投资回报呢？环顾全球，当今最负盛名的投资者非沃伦·巴菲特莫属。他师从格雷厄姆，从其1956年创办合伙人企业开始，在长达五十多年的时间里，巴菲特取了大约年化22%的投资收益率，累计回报率高达83000倍。虽然巴菲特的投资回报都是经过多年的严格审计的，但是对于巴菲特的质疑，在全美过去几十年都没停止过。质疑者认为巴菲特是一个典型的“3西格玛”事件（形容事件出现的概率很小），更有甚至认为他和一个通过买彩票中了巨额大奖的“傻瓜”没有分别。

对此，巴菲特曾在哥伦比亚大学做过一个著名的演讲。在演说中，他指出：假如全美有2.25亿人通过“捉对厮杀”进行猜硬币正反的淘汰赛，赢家进入下一轮，输家被淘汰出局。这意味着每过一轮就会有一半人被淘汰，最终会有215人胜出，他们都是连续20轮猜对硬币正反面的人。这时，反对者会恼羞成怒地说：“假如把2.25亿人换成2.25亿只大猩猩。同样会有215只傻猩猩胜出。”巴菲特接着指出：假如这2.25亿大猩猩像美国的人口一样分布于美国各地，且在胜出的

215只大猩猩中有40只来自奥马哈的一个十分独特的动物园，那么大家肯定会前往这家动物园向饲养员问个究竟。换句话说，如果那些成功的赢家不同寻常的集中，你肯定想弄明白这到底有哪些非同寻常的因素。这就好比全国有某种罕见的癌症病人1500个，但其中的400人集中在某个小村落里，医学家们肯定会去那个村子探个究竟，而不是无动于衷。接下来，巴菲特举了9个投资人的例子，这九个人在过去15~20年的时间里，都大幅跑赢了标准普尔500指数。最关键的是，他们来自同一个公园——“格雷厄姆－多德公园”。他们都遵循着格雷厄姆的投资哲学——都只关心股票的价格与价值。

价值投资有多难

巴菲特的演说为“价值投资”博得了精彩的一分。不过，虽然巴菲特举了9个实践者的例子，并引用了“癌症村”的案例，但如果仅从随机分布的角度看，某些看似不随机的事件恰恰可能就是随机事件。比如，如果我们用一个自动发射器随机多角度向一面大大的正方形靶子发射100根飞针，那么理论上，这些飞针插中正方形靶子中任何一个地方的概率都相同。现在如果把这个正方形靶子划分成100个更小的正方形，那么这些随机发射的100根飞针恰好分别插中100个小正方形的概率其实是非常低的，也就是说这100根飞针恰好均匀分布的概率其实是非常低的。常见的结果是：一些小正方形里有好几根飞针，而另一些小正方形里一个飞针也没有。可见，“癌症集群”完全可能是随机的结果。此外，当我们拿出一群赢家作为例证，宣扬他们是如何“基业长青”之时，不要忘了还有大量遵循同样投资理念的人收益平平，甚至亏损累累。这些人由于业绩平平，无法现身，因此沦为了“沉默的反证”。

除此以外，假如说一千个人的心目中有一千个哈姆雷特的话，那么一千个人就会有一千种对格雷厄姆的理解，也会有一千种对“价值投资”的理解。毕竟，每个人的学习能力与经验阅历是有区别的。即便把考察对象缩小到顶级商学院的高才生，结果也不尽如人意。“即便考虑到你们是哈佛的毕业生，你们中最多也只会有2%，甚至1%的能达到巴菲特的投资水平。”某对冲基金经理曾对哈佛大学的毕业生如是说。所谓的“价值投资”知易行难（最多只能算通往成功投资之路的必要条件之一而已）。

为什么要写这本书

走出大学校门，我就成为一名职业投资人。在十多年的投资道路上，如果说让我列举出一位对我投资助益最大、最让我佩服的人的话，非巴菲特莫属。但正如前文所言，不同的人，对巴菲特、对价值投资，可能会有完全不同的解读。专注、理性、不在意他人的看法、独立思考等，都是他可以长期战胜市场的重要精神特质。但是，通过阅读历年巴菲特的信件，笔者还发现，他是一位特别擅长将复杂问题简化，直接触及问题核心的人。作为一名职业投资人，维护股东利益、在任何情况下都确保股东价值最大化，才是成功投资的核心。无论是谈论投资、企业经营管理、现代企业制度、经济政策，或者是保险企业的经营，他不拘泥经典的学院派理论，或者那些所谓的企业都广泛采纳的制度设计，所有的立论起点都是对股东利益的维护。而这一视角，也是笔者在十多年的投资生涯中，认为最为重要的学习巴菲特的一个角度。

巴菲特从未提出“价值投资”的理念，而广为流传的价值投资方法，以及一名价值投资者应该具备的特质，也是后来人通过巴菲特的信件或者演讲，点点滴滴总结而来。巴菲特致股东的信洋洋洒洒上百万字，其中不少涉及伯克希尔的经营，作为一名普通投资者，全部读懂，实为困难。于是，在 2013 年 11 月，怀着一颗敬畏的心，我写信给巴菲特，询问是否可以摘写致股东信中涉及价值投资理念的经典话语，并逐年解读，以此可以展示出在一个较长时间维度下，关于价值投资的核心要义。很荣幸，可以得到巴菲特先生的许可。但是，本书只是从“股东价值”一个视角的解读，如果您希望系统地学习巴菲特的理念和思想，请登录伯克希尔官方网站，阅读完整的巴菲特致股东的信。

目　录

第一篇

青年巴菲特：

开办合伙企业阶段（1957—1969年）[①]

① 本部分不仅包括年度信件，还包括部分当年中期信件的内容。

设立目标：1957 年致合伙人的信

巴菲特开宗明义，给出了衡量投资业绩的标准：平均每年跑赢大盘 10 个百分点。这一目标在其投资生涯中，几乎没有太大变化。比起很多股民动辄翻倍的远大理想，这一目标可谓略显“平庸”。但是，就是这样一个不温不火的“小目标”，在巴菲特的坚持下，成就了一项伟大的事业。

“据我所知，今年没有任何投资基金获得正收益。而我们三个合伙企业分别获得了 6.2%、7.8% 和 25% 的净资产增长。这样的数字显然会引起疑问，尤其对前两个合伙企业的投资人而言，更是如此。出现这种情况纯粹是运气。获得最高收益的企业，成立的时间最晚，正好赶上市场下跌，同时部分股票出现了较为吸引人的价格。而前两个公司的投资头寸已经较高，因而无法获得这样的好处。”

“基本上，三个企业的投资标的和投资比例是大致相同的。长期而言，我将会满意于获得高于市场水平 10% 左右的回报率。对于 1956 年而言，这三个企业都已经超出了这个标准。”

解读：从合伙企业成立伊始，巴菲特就强调其目前所管理的三家合伙企业的投资组合与持仓比例都一样。在这方面，国内一些大型私募基金则刚好相反。这些私募基金，旗下不同基金的组合可能完全不同。这些基金其实更多的是从营销的角度出发，为了迎合不同投资者的需求而设立的，秉承的是东方不亮西方亮的经营思想（但对客户而言，却无法判断哪种策略真正长期有效）。但如果一家资产管理公司只秉持一种“投资哲学”，那不论其旗下有多少只基金，其投资组合与持仓比例应该一致才对。与此同时，在这一年，巴菲特给出了衡量其投资业绩的标准：每年跑赢道琼斯指数 10%。在以后的年度，巴菲特也不断地强调，能达到这个标准就很满意。这个标准看起来容易，真的要实现，却有相当的难度。根据统计，过去 30 ~ 40 年里，美国 90% 的投资基金是跑输指数的！

寻找被低估的股票：1958 年致合伙人的信

巴菲特描述了市场过热的情景：三更已过，小心火烛。他对于市场的态度极为简单：不预测市场走势；策略更为直白：寻找被低估的股票。这一时期，恩师本杰明·格雷厄姆的投资思想仍是巴菲特的主要“斗争武器”。

1. “一个运作中等规模投资信托的朋友最近写道：浮躁易变的情绪是美国人的主要特征，而这一特征造就了 1958 年的股票市场。1958 年的股票市场，用‘亢奋’一词形容最为合适。我觉得这句话——无论从业余角度还是专业角度——很好地概括了主导 1958 年股票市场的心理变化。**在过去的一年中，几乎所有的理由都被找出来，以证明市场是可投资的**。无疑，相对于以前的若干年，现在的投资者队伍中充斥了更多的浮躁人群。他们持有股票的时间取决于这样的想法：他们能不能在这个市场上捞一把，能捞多长时间。越来越多这样的人加入投资大军，股票价格不断被抬高。虽然不太可能预测这种现象会持续多长时间，但是我相信这些人待的时间越长，他们最终摔得也越重。”

解读：1958 年道琼斯指数大涨 38.5%（含分红）。正如巴菲特对当时市场狂热情景的描述，美国的牛市跟中国的牛市情况何其相似：几乎所有的理由都被媒体或投资者找出来，以证明市场是值得投资的。浸泡在这种狂热的市场情绪中，巴菲特冷静地指出，一方面市场持续牛市的时间难以预测，另一方面又大胆预测，这群疯狂追逐上涨趋势的投资者，最后会一败涂地。

2. “我无意于预测股票市场，我主要的精力是寻找被低估的证券。但我相信，一旦越来越多的公众坚定地认为他们都可以从股票投资中获得收益，那么灾难也将随之降临。所有股票的价格，即使是那些被低估的股票的价格，都可能会受到沉重的打击。”

解读：巴菲特阐明了自己的立场：不预测股票市场的走势，专心挑选被低估的股票。同时巴菲特也指出，如果市场整体大跌，在泥沙俱下之际，即便是一只被低估的股票，也可能跟随大势下跌。这说明即便持有被低估的股票，也要在熊市中做好打持久战的准备。

3. “年底，我们成功地找到了一笔特殊的交易，这笔交易可以使我们以一个富有吸引力的价格收购而成为最大的股东。所以，我们以每股 80 美元的价格售出 Commonwealth 的股份，这一价格相对于当时的市场价格大约打了 20% 的折扣。”

解读：当发现更好的投资标的后，即便原有的标的依然低估，也可以迅速出售，换成新发现的投资标的。在上述的交易中，巴菲特甚至是折价出售了原有的投资标的，可见巴菲特绝不是一个死守股票不放的“老顽固”。

坚持保守：1959 年致合伙人的信

巴菲特透露了其宁愿保守，也不愿犯错的投资理念。对于那些乐于在价值派与技术派，甚至消息派之间游走的投资者来说，是很难理解这种固执的坚守的。

“你们大都知道，我已经对股票总体水平表示担忧好几年了。迄今为止，这种谨慎看来还是不必要的。……也许我是错的，但是我宁愿接受因为过度保守而招致的惩罚，而不愿接受因为相信‘树木将长至天空外’这样的‘新时代’观点而造成的错误结果。后者的错误将可能给资本带来永久性的损失。”

解读：在长时间似乎“看错”市场的情况下，巴菲特没有因为股市继续飙升而改变自己的投资哲学。这一定令那些“三根阳线”就可以改变“三观”的投资者相形见绌（指那些一见到大涨，就改变投资哲学的人）。从根本上讲，这样的投资者其实是没有什么投资哲学可言的。

投资需看长远：1960 年致合伙人的信

巴菲特明确提出，投资要看中长期相对回报，而非短期绝对回报。这与很多投资者期待的在股市中“一夜暴富”，钟爱“富贵险中求”相比，巴菲特可以说是另一个极端。这些人在股市追求刺激、短期暴利；巴菲特则追求在长周期里细水长流。

“如果有一年我们（的投资收益）下降了 15%，而同期市场平均下降了 30%，这远好于我们和市场同步上升了 20%。日子久了，我们总会碰到好年头和坏年头。我们无须在好年头兴高采烈，也无须在坏年头垂头丧气。”

解读：巴菲特强调每年的相对回报（相对于指数而言）比绝对回报要重要。这对于那些口口声声强调以获取“绝对投资收益”为目标的资产管理公司（基金管理人）来说，是一个讽刺。理论上讲，在长周期内，妄图每年都获得“绝对回报”（超越无风险收益率），是一个不可能完成的任务。

三类仓位配置原则：1961年致合伙人的信

巴菲特首次给出自己的三类仓位配置原则，以及道琼斯指数的长期回报率——5%~7%（含分红），在此之后，他一直以指数的回报率作为对标。这一仓位配置的原则可以说贯穿了他整个投资生涯，之后并无太大变化。在合伙人时期，低估和分散是他投资策略的核心，严格在“安全边际”之内投资，可以说是他的投资准绳。

1. “我一直以来都使用道琼斯指数作为我们业绩的评判标准。我个人认为，评判业绩的时间周期，至少是3年。而最好的业绩评判周期，应该是一个完整的市场周期，比如从评判业绩时的道琼斯指数水平开始，直到该指数最终回到几乎同样的水平为止。”

解读：巴菲特再次强调，评判投资业绩要以道琼斯指数为比较基准，并首次给出了评判投资业绩的周期——至少三年（之后他也多次在信中强调这个标准）。如果能够经历一个完整的牛熊循环，当然最好不过。需要注意的是，完整的牛熊循环不一定是股票指数从100点大涨之后再回到100点，完全可以是从100点大涨到1000点后再回到300或400点。过去20多年，中国股市的牛熊循环周期大约是6~8年

（历史数据不可简单线性外推）。总之，投资不是短道速滑，而是一场马拉松。

2. “我的投资组合主要由三部分构成。”

“第一部分主要由**价值被低估的证券**组成。对于这一部分证券，我们既不能影响公司的政策，也无法推进公司做出某种决策的时间表。这是我们投资组合中最大的一部分。通常我们对于持有量最大的5～6只证券，会分别投入占总资产5%～10%的资金。而对于其他持有量较小的10～15只证券，则会投入占总资产更小比例的资金。有时价值的修正将非常快，但大多数时候需要一年甚至数年的时间来实现。我们在买入时往往很难确切地知道，为何某只股票将会在现有价格水平上增值。但也正是因为市场上缺乏对于该问题的解答，导致我们有机会买入价格大大低于其价值的股票。无论如何，**基于证券内在价值并且以低于该价值的价格买入，是具有令人感到舒适的安全边际的**。在具有相当的安全边际的前提下买入的股票，将具有较大的升值潜力。”

解读：巴菲特将投资部位分为三类，第一类投资是“被动投资”部分：买入一揽子被低估的股票，总计可以达到15～20只。每只的持股比例都有限，且投资者无法影响被投资的公司。这属于典型的“格雷厄姆式”的投资风格，其关键词是：**低估与分散**。巴菲特同时强调，要以低于股票“内在价值”的价格买入。所谓“安全边际”，就是股票当前价格低于内在价值之间的差额，因此，这个差额越大，投资就越安全。

3. “我们投资组合的第二部分是**套利性投资**（work－outs）。它们的涨跌取决于公司的某些特定行为（指合并、清算、重组、分拆等），而非市场对于该证券的供求。……我们可能会有10～15项这样的投资，有的所对应的事项才刚开始，有的已经进入尾声。由于这部分投资相对而言较为安全，我相信可以利用借来的资金作为这一部分投资的一种补充。这一部分的投资收益率（不包括因借贷而产生的杠杆作用）一般在10%～20%。我个人设定的借款上限是不可以超过我们净资产的25%。多数时候，我们没有借款，如果有，则只是将其作为套利投资的一种补充资金来使用。”

解读：早年的巴菲特，由于管理的资金量不是非常大，所以有很大一部分的“套利”仓位。所谓套利仓位，比如要约收购，一家公司打算以20元全面收购另一家公司的股票，但要约收购的公告出来后，股票的市价目前可能只有19元，这时就具备了1元的套利空间，如果整个要约收购在四个月内顺利完成（包括各部门审批等流程），则该笔投资的年化收益率至少为15.8%（1/19×3）。这类投资，由于关键事项本身具备一些不确定性（监管部门的审批等），不一定百分之百可以完成，因此注意需要分散投资，而不是单一重仓。

巴菲特提到了可以采用负债的方式投资，这说明巴菲特在投资时也是会运用财务杠杆的。其早年设定的负债上限是不超过净资产的25%。可惜，具体借款的时间长度在信中没有透露，无从考证。笔者认为，负债周期在两年以上为宜。

4. “第三种情况则是‘控制类’投资，即以获得目标公司的控制权为目标，或者通过持有其较大比例的股权对该公司的政策产生影响。这肯定需要一年以上或数年时间才会见到成效。在某一年中，这种投资可能对我们的利润没有任何贡献。而这种投资也跟道琼斯指数的表现没有什么关联。”

解读：对于一些规模不大却严重低估的公司，巴菲特采取了直接控股的方式。对于这一类投资，首先，由于涉及的资金量大，所以都是集中仓位，比如1961年年报显示，仅对登普斯特风车制造公司（Dempster Mill Manufacturing Company）的投资就占了合伙人企业净资产的21%。其次，巴菲特对这类公司的投资收益在合伙人企业的会计处理上，不是以股票市价为基准，而是以巴菲特自己的“估计值”为基准。这也就是为什么巴菲特说“投资这类公司跟道琼斯指数的涨跌没什么关系”的原因了。所以，从早年开始，巴菲特的一部分股票仓位就跟股价没关系了。这也是其合伙人企业在长达13年的时间中从来没有亏损，且整体波动率远小于道琼斯指数的原因之一。

5.“从上述三类投资中，你们应该可以看出我们的投资组合是多么保守。很多人认为购买中长期国债或者类似的产品才算保守，但是这种投资最终可能导致**投资组合的实际购买力下降**。也有许多人认为，购买所谓的蓝筹股是一种保守的投资，好像只要买的是蓝筹股，就可以不用仔细考虑其市盈率或者分红的情况。我认为这种行为充满了危险。”

解读：这番言论，应该打破了大众对保守的惯常印象。通货膨胀的存在令看似保守的长期国债投资变得不够“保守”。对所谓的“蓝筹股”投资，也要看其估值水平与分红情况，而不是只要贴上一个“蓝筹”之类的标签就可以高枕无忧。

6.“长期以来，我们对于买入时机的选择都要优于对于卖出时机的选择。我们并不指望能够赚到可能赚到的每一分钱，我们将十分满足于以很低的价格买入，然后在该证券的价格能够大概正确反映其价值时（意味着这对于一个私人持有者将是一个较为合理的价格）将它卖出。我们持有的这些股票虽然便宜，但是一件东西的价格便宜并不意味着它的价格就不会继续下降。当市场下跌时，我们的这一部分也同样将下跌。”

解读：巴菲特首次提出，他对于买入时间的把握要优于对于卖出时间的把握。即便今天，关于卖出时机的问题，一直以来“价值派”的各方都有很多争论。同时，巴菲特强调，价格被低估的股票，其股价同样会继续下跌。股票价格恢复到其内在价值，很可能是一个长周期的事情。

7. “不要因为很多人暂时和你意见一致，你就是对的。不要因为重要人物和你意见一致，你就是对的。当所有人都意见一致时，正是考验你的行为是否保守的时候。在很多笔投资的过程中，只要你的前提正确、事实正确、逻辑正确，你最后就是对的。只有凭借知识和理智，才能实现真正的保守。我们的投资组合和一般人不一样，完全不能证明我们是否比一般人更保守。是否保守，必须看投资方法如何，投资业绩如何。”

解读：这应该是对投资中人们普遍存在的从众心理的批判。大多数人的看法，甚至权威人士的看法，并不一定是正确的。兼听则明，独立思考。只有你的假设前提、事实依据与逻辑推导都正确，你才是正确的。这句话巴菲特在之后的信件中也多次提及。这可以说是巴菲特多年以后提到的“内部积分卡”原则的前身。

8. “对于任何一个较长的历史时期而言，我认为道琼斯指数应该会取得一个总体在5%～7%的年复合增长率（包括上市公司的分红）。对任何一个抱有超出该幅度希望的人而言，他都会面临失望。”

解读：巴菲特给出了一个对道琼斯指数长期平均收益率的预测：5%～7%。这与美国经济学家西格尔的考察结果接近，西格尔曾经测算了1800—2003年，在考虑分红再投资的情况下，美国股市的长期实际回报率，大约为7%（剔除了通货膨胀率）。经济学界甚至把7%这一数字称为“西格尔常量”。

基本原则：1962 年致合伙人的信

早在合伙人时期，巴菲特就明确提出了各项原则，包括投资与客户的选择。在 1962 的信中，巴菲特向自己的基金投资者给出了自己的标准，以此来筛选客户。设立原则，坚守原则，无视市场波动与各种流行观点，成为他日后投资成功的基础。

1. “基本原则：（1）合伙基金绝对不向合伙人做任何收益率保证。……（2）我们在讲每年的收益或亏损时，说的都是市值变化，也就是年末与年初相比，按市值计算的资产变化。报税时使用的是实现的损益，在任何一年中，我们所说的合伙基金的年度收益与应税所得额基本无关。（3）我们做得好与坏，不能用某一年的盈亏衡量。衡量我们表现的标准是投资股票的普遍业绩，即与道指和大型基金对比。……（4）我认为评价表现应该看五年，至少要看三年，低于三年的业绩没有意义。……（5）我不做预测股市涨跌或经济波动的事。如果你觉得我能预测出来，或者认为不预测就做不了投资，那么合伙基金不适合你。（6）我无法承诺最终的投资收益，而以下是我所能作出的承诺：①我们的投资将是基于**股票的内在价值而非市场的流行观**

点进行的。②我将致力于通过**保持尽可能大的安全边际和适当的分散投资**来减少我们可能遇到的**永久性资本损失**（不是暂时性的短期浮动损失）。③我以及我的妻子和孩子的全部净资产都投资在合伙企业当中。”

解读：上文旗帜鲜明地指出了合伙企业的管理与投资原则。巴菲特的投资是以原则为导向，而非客户为导向。他宁可将自己家庭的全部资金用于“跟投”，并承诺恪守“价值投资”的原则，也绝不做保本承诺或投资收益承诺。

2. “在低估类投资中，我们买入的每只股票，价值都远远高于价格，都存在相当大的安全边际。**每只都有安全边际，分散买入多只，**就形成了一个既有足够安全保障，又有上涨潜力的投资组合。对于低估类，我们本来就没打算赚到最后一分钱，能在买入价与产业资本评估的合理价值中间的位置附近卖出，我们就很满意了。”

解读：巴菲特明确提出，在股价没有达到内在价值之时，就可以考虑卖出股票了，不过这是针对“低估类投资”而言。这类投资标的更多的是格雷厄姆式的“烟蒂公司”。虽然股价十分低廉，但公司的资质很可能不够优秀，对于管理层的选择可能尤为重要。

什么是投资品：1963年致合伙人的信

说到投资，人们首先想到的就是各式各样、让人眼花缭乱的投资品，对此，人们在咨询投资专家时，常常提出的第一个问题就是：我应该买点什么投资品呢？房产、黄金、古董……这时，投资专家会滔滔不绝地为你分析各类投资品的价值以及未来的上涨空间。但是，如果某天你有机会见到巴菲特，问他同样的问题，估计“股神”的答案会非常简单：投资品自身要能稳定地产生现金流。在1963年的信中，巴菲特对艺术品类资产亮明了自己的态度——长期价值有限。

1. “1540年，法兰西的弗朗西斯一世（Francis I of France）花了4000埃居（译注：法国古货币）买入达·芬奇的名画《蒙娜丽莎》。有的合伙人可能不太关注汇率变动，当时的4000埃居相当于20000美元。如果弗朗西斯一世头脑清醒，能找到税后收益率6%的投资，这笔钱现在就值1000000000000000.00美元了，这可是1000万亿，是美国当前国债的3000倍，一切都来自每年6%的收益率。相信各位听我讲完，再也不会在家里讨论哪幅画值得投资了。不过，我去年说了，我们可以得到两点启发。第一，活得越长越好。第二，复合收益率很小的差别，最终数字会产生很大的差距。”

解读：显然，就算放在50年后的今天，考虑到这50年来的高通胀，《蒙娜丽莎》的价值跟1000万亿美元相比，也不过是九牛一毛而已。关于这方面的案例，巴菲特还列举过伊丽莎白一世投资哥伦布的航海冒险。其实，巴菲特通过类似的例子是想说明，这些自身不产生现金流的资产，就不应该叫作投资品。同时，投资有一项重要的武器，即被爱因斯坦称为“世界第八大奇迹”的“复利”——其威力超出人们的想象。

2. “之前我曾听传闻说德国国家石油公司将要被收购，但**我从不会因传闻而买入任何股票**。后来，这家公司发布了被收购的公告后，我便决定买入。”

解读：首先，巴菲特强调绝不会进行内幕交易。内幕交易不靠谱，即便这次对了，下次也可能栽个大跟头。

其次，这是一项“套利类”交易。这一年，德国国家石油公司被另一家公司要约收购，巴菲特除了购买该公司的股票以外，还购买了该公司的债券与认购权证。可见，只要有利可图，股票权证这类的衍生金融工具，巴菲特也是会大举买入的。

公募基金的缺陷：1964 年致合伙人的信

在 A 股市场，股民嘲讽基金经理的无能可谓司空见惯，人们更多地是以基金的短期业绩表现（1 年、6 个月，甚至 3 个月的涨跌幅）为核心，评判基金经理的操盘水平。而巴菲特则是从制度层面，从根源处指出了共同基金（公募基金）的缺陷。由于这种制度性的缺陷，导致投资机构无论在哪个市场，都背负相同的骂名。

1. “一般而言，华尔街的共同基金未能跑赢道琼斯指数的原因，并不是愚蠢或道德败坏，而是以下五个因素作用的结果。第一，集体决策。如果所有相关各方都参与决策，那可以肯定，杰出的投资业绩只能是妄想。第二，遵循公司制定的投资政策和保持与其他大型投资机构相似的投资组合的倾向。第三，制度限制。保持‘中庸’是最安全的投资之道。特立独行的投资行为所带来的个人利益与需要承担的风险并不匹配。第四，僵化固守某些不理智的分散投资策略。更重要的是，第五，惯性。”

解读：首先，证券投资不适合民主决策，所以集体协商有害无利。其次，公募机构在投资上喜欢相互模仿，抱团取暖。第三，由于特立独行的投资风格一旦失败，会导致公募基金经理失业，因此，保住饭碗才是公募基金经理个人最重要的“风险控制”。最后，过度分散与思维惯性成为压倒基金经理们的“最后一根稻草”。以上五条全都适用于中国的公募投资机构。可见，美国的月亮并不是更圆。

2. “做投资，别想着坑人，指望最后让傻子接盘（华尔街有个‘博傻理论’，说的就是这种做法），这么做长远不了。以极其低贱的价格买入，平价卖出也能获得喜人的收益，这多有成就感。”

解读：巴菲特强调，投资获利不要寄希望于市场中的股价泡沫。低廉的股价是长期获利的重要前提。

集中与分散：1965 年致合伙人的信

在投资领域，有一句俗语：鸡蛋不要放在一个篮子里。由此引出了一个难题：应该集中持股还是分散持股？各方给出的支持理由也都很充分。在 1965 的信中，巴菲特给出了重仓股的标准，并阐明了对待集中投资与股票波动的态度。

1. “向各位投资人报告投资业绩考核体系是我们的职责所在，令人伤心的是，一些投资分析师根本不知道他们的业绩如何。”

解读：证券公司等投资机构的分析师们在“指点江山”之际却不清楚自己的投资业绩。很多人，甚至就没有投资业绩！美国的月亮又一次跟中国的一样圆了。

2. “根据多年证券市场的惯例，取得公司控制权所支付的价格要远远高于普通投资者愿意为一小部分股权所支付的价格。”

解读：公司并购的价格有可能超过公司的内在价值。这一思想在巴菲特日后的信件中被多次提及。

3. “如果一项投资满足以下两个条件，我们可能将基金资产的40% 投资于这一项投资上。第一，根据所依据的事情和推理，结论正确的可能性相当高；第二，各种因素的变化导致投资标的内在价值大幅波动的概率非常低。”

“我们必须非常勤奋地工作，才能找到少数几项具有足够吸引力的投资项目（比如能够在一年中超越道琼斯10%）。而具体到每一项的投资比例，则将取决于我们对它的预期收益水平以及实现该预期的确定性。”

解读：一个投资标的如果有很高的概率能够取得大幅的超额收益（超过指数10%以上），且其内在价值不易受到各种因素变化的影响，那么就可以对其进行高比例的配置。注意第二点：标的“内在价值”不易受到各种因素变化的影响，也就是说，标的内在价值对各种“参数”不敏感。这需要所投资的公司具备相当的核心竞争力，且目前不存在大幅减弱其核心竞争力的因素出现。

押大赌注于高概率事件。巴菲特给出了单一持股最高40%的上限，这对于这个规模不小的合伙投资机构而言，绝对是一个高得惊人的比例。

4. “我确信，任何一只基金，不论其规模大小，即使只将取得良好业绩作为一个次要目标，也不需要考虑拥有100只股票。拥有100只以上的股票，不仅降低了投资组合的整体业绩，而且也无法有效降低投资组合的业绩波动风险。”

解读：过度分散投资不但会降低投资收益率，也无法因为持股数量的过度增加而降低整个组合的波动。即便仅仅是为了降低组合的波动率，也不需要100只股票那么多。

5. “集中投资策略很可能导致我们的业绩在某一年会有较大的波动，但是我相信，这个副作用的结果是：长期而言，我们将获得超越市场平均水平的满意的回报率。”

解读：集中投资虽然不是“坦途”（组合波动大），但是，最终能够取到“真经”（获得超额收益）。

基于价值：1966年致合伙人的信

可以说，巴菲特的投资原则基本是保持不变的，这一年，巴菲特首次给出了买入非上市股权的标准——基于价值，并阐明了对待借钱投资的态度。但是，在保持大原则的同时，“股神”也在自我进化，购入美国运通公司就是一个里程碑意义的事件——第一次重仓买入一家非“烟蒂型”公司，也就是非“格雷厄姆式”的公司。

1. “在上半年，我们以及两位在企业中拥有10%股份的合伙人联手买下了 Hochschild Kohn 的全部股份。这是一家巴尔的摩的私人百货公司。这是我们合伙企业第一次以协议的方式买下整个生意。虽然如此，**买入的原则并没有任何改变**。对该生意价格的定量和定性的衡量都照常进行，并严格按照与其他投资机会同样的准绳进行了估价。”

解读：这是巴菲特首次买入一家非上市公司的股权。虽然买入的是一家没有股价的非上市公司，但巴菲特的买入标准与原则未变——**基于价值**。同样，可以反过来说，巴菲特买入上市公司流通股的标准与全盘买下一家非上市公司所有股权的标准与原则是一样的。

2. “无论是从生意还是私人交往的角度来说，我们都拥有一流的人才来打理这桩生意。如果没有优异的管理，即便价格更加便宜，我们也不见得会买下这个生意。”

解读：管理人才对于一家公司很重要。而管理因素的价值在公司的财务报表上是看不到的。由于巴菲特自己从不亲自管理这些买下的企业，所以没有优异的管理，即便价格再便宜，他也会三思。

3. “我之前已经说过：我从不对市场情况和行业境况进行预测。如果你认为我具有这种能力，或者你认为这对于投资而言是重要因素，那你就不应该仍然留在我们的合伙企业中。”

解读：不但不预测股票市场走势，也不预测公司所属行业的情况。当时的巴菲特更多的是基于定量分析买入股票，定性分析则是次要因素。这一时期，他依然是典型的“格雷厄姆式”的投资。

4. “当我们买入或者卖出股票的时候，我们心想的并不是市场将会怎么样，而是公司将会怎么样。股票市场将会在很大程度上决定什么时候我们是正确的，而我们对公司分析的准确性则将在很大程度上决定我们最终是否正确。换句话说，我们关注的重点是应该会发生什么，而不是它应该在什么时候发生。”

解读：巴菲特强调他的重点是分析公司，而不是预测市场变动。只要将公司分析透彻，以远远低于公司内在价值的价格买入，获得满意的投资回报是迟早的事。但是，巴菲特明确指出，他无法预测这个回报到来的时间，而这也不是他应该做的事情。

5. “我们不会将持有的证券以一个被低估的价格抛售，即便某个星象学家声称市场将会下跌，虽然有些时候他们的预测是正确的。我们也不会以一个已经合理反映了公司股票价值的价格买入任何股票，哪怕有专家声称市场将会上涨。有哪个人在购买私人公司的时候是根据股市的上涨或是下跌的趋势做出购买决定的呢？随着市场的上涨或下跌，公司的核心价值并未见得会有很大的改变。**我们所要做的，是利用市场的非理性而获利**。详细相关的论述可以参见格雷厄姆《聪明的投资者》一书的第二章，我认为这一章的内容比目前任何其他投资论述都更为重要。”

解读：巴菲特一直恪守价值投资哲学。价值投资的核心要素只有两个：价格与价值。其他的都是无关因素。格雷厄姆在《聪明的投资者》一书中首次提出了“市场先生”一词。“市场先生”是一个十分情绪化的角色。格雷厄姆的核心观点就是：要学会利用“市场先生”的情绪而不是被他的情绪所左右。那些所谓的“趋势投资者”，恰恰就是被“市场先生”牵着鼻子走的人。

6. “近几年，我们往往一年下来只能发现两三个投资对象符合上述标准。幸运的是，我们抓住了机会。虽然如此，在早期的岁月中，同样的努力往往能给我们带来数十个同样的投资机会。相比而言，三个新的因素出现了：（1）一个多少变化了的市场环境；（2）我们资金基数的扩大；（3）我们面临更加激烈的竞争。”

解读：一个热火朝天的市场使得符合巴菲特投资标准的股票越来越少了。此外，危机感极强的巴菲特理性地看到，秉承与他相同投资哲学的人也在增多。换句话说，市场效率也在逐步提高。虽然巴菲特当前的投资能力与经验比初入股市之时有一定的提高，但是整个市场参与者的整体水平也在快速提高。这也是后期巴菲特的投资回报率低于合伙人阶段的原因之一。

7. “目前的状况将不会促使我进行我能力以外的投资（我个人信奉的哲学不是：如果你不能征服他们，那就加入他们。相反，我信奉的是：如果你不能加入他们，那你就去征服他们）。因此，我不会投资那些含有我不能理解的科技因素，且这些科技因素对生意具有重大影响的公司。我对半导体和集成电路的了解程度，就跟我对于一种名为 chrzaszcz 的昆虫的交配习惯的了解程度一样（有兴趣的人可以去查一查，这是一种波兰的小虫子）。”

解读：巴菲特一直怀揣着一张“内部积分卡”。他以自己的原则行事，不受他人的影响，奉行“不懂不做”的原则。1959—1962 年，美国股市处于“电子狂潮”之中，半导体、宇航等与新科技相关的行业和公司成为股市投资者竞相追逐的热门。新股发行不断，很多股票中都能找到“电子”的身影，只为博得投资者的青睐。但是，对巴菲特来说，就像他从没见过 chrzaszcz 这种虫子交配一样，他从没见过一个“电子”，理解不了科技公司，虽然市场火爆，但他也绝不会考虑投资这些公司。

8. “我们也不会投那些虽然利润前景诱人，但人为因素起重要作用的公司。”

解读：虽然管理层的因素很重要，但如果管理层是决定因素，那巴菲特也是断然不会投资的。这就像虽然我很喜欢你，但是如果你要嫁给我，我还是躲得远一点更好。

9. “1965 年中以来，我们就已经开始购买一家股价远远低于其价值的证券。我们希望最终投入一千万美元或更多的钱。该公司经营的几种生意都是我们可以理解的。我们也可以通过公司的竞争对手、供货商、前雇员等了解公司的竞争优势和劣势。该股票面临罕见的市场状况。我们希望可以在不冲击其股价的情况下慢慢买入足够多股票。”

解读：巴菲特说的这家公司就是著名的美国运通公司。这家公司当时因为“色拉油”丑闻而暴跌。可以看到，巴菲特在分析运通公司时，不再强调其财务情况，而是更多地进行定性分析，搞清楚其商业模式，了解其竞争优势与劣势。这可以说是巴菲特公开记录之中，第一次重仓买入一家非“烟蒂型”公司，也就是非“格雷厄姆式”的公司。这对于巴菲特的投资来说，可以说是里程碑意义的一件事。

10. “一个合伙人评论道：对一个头在水下的人来说，即使是五分钟，也是非常漫长的。这就是我们很少借钱的原因。1966 年合伙企业的银行平均借款余额低于企业净资产的 10%。”

解读：借钱投资就好像把一个人的头按在水下，却不知道什么时候能抬起头，或者能不能抬起头来。这需要承受巨大的心理压力。虽然巴菲特依然有少量的借款，但对于大多数投资者而言，笔者建议最好不要借钱投资。“没有金刚钻，不揽瓷器活。”

11. “1966 年，我们于春末开始买入一只股票。在仅仅买入了 160 万美元后，股价就开始飞涨，虽然该项投资平均持股期限只有 6 个半月，但投资利润为 72.8 万美元，收益率很不错。但是如果当时股价仍能继续维持低位，我们可以买入更多的股份，长期的业绩也将更为理想。这一项投资虽然为当年的业绩增色不少，却影响了长期的投资业绩。”

解读：巴菲特错过的这只股票就是著名的迪士尼公司（这是他在很多年以后透露的）。多年以后，经过一些波折，他又再次成为迪士尼公司的股东。一般的投资者，在短期获得近 50% 的收益率时，都是欢呼雀跃，但是巴菲特却是愁眉不展。由于股价飞涨，使得巴菲特在这只股票上没有“吃饱”，短期业绩虽然不错，但长期业绩却受到了影响。这种“风物长宜放眼量”的态度，定会令多数投资机构汗颜！

投资理念进化：1967 年致合伙人的信

在听从和实践了格雷厄姆式的方法多年以后，巴菲特结合自己的投资实践，开始逐步展示自己对价值投资的思索。在 1967 年的股东信中，首次强调，赚大钱的投资决策都是依靠定性分析取得的，即重点寻找具备核心竞争力的公司。价格与价值的取舍不再是唯一标准。

1. “下述的一些情况是我们的生意和市场本身在这些年来发生的变化：第一，市场较往日已经有了显著的变化——有明显价格优势的投资标的已经大大减少；第二，人们对于投资业绩关注度的快速提高，导致市场行为的过激反应，而我本人的分析技巧则只能评估出一个有限的价值区间；第三，我们的资金基数已经达到了 6500 万美元，我们的投资点子正在减少。”

解读：随着市场的火热与合伙人企业资金规模的扩大，巴菲特再次暗示，未来的投资回报可能会大不如前。巴菲特的危机意识在此淋漓尽致地体现出来。

2. “相比年轻穷困之时，我个人更倾向于不再强求超额投资收益。”

解读：随着年龄的增长与资产的增加，巴菲特的精力与动力都有所下降，所以，对投资收益率的要求也有所下降。

3. “有意思的是，虽说我认为自己基本上算是定量派……但这些年我真正抓住的大的投资机会都是特别偏向定性的……这些机会是给我们赚大钱的。”

解读：在十几年的投资实践后，巴菲特渐渐发现，真正能够取得高回报率的投资，都不是通过捡“烟蒂”获得的，而是通过定性分析，寻找出具备核心竞争力的公司，并择机以低廉的价格买入而取得的。但因为这类公司数量不多，且低价买入的机会也不多，所以买入一揽子“烟蒂”股依然是巴菲特当时投资组合中重要的利润来源。即便对于巴菲特来说，投资也是一个持续学习，不断参悟的过程。

4. “最近几年，基于定量因素的投资机会正在逐步消失，这主要有以下三方面的原因：第一，过去20年没有发生过类似20世纪30年代那样的大萧条，因而没有出现过对股票投资的负面评价……第二，股票的社会接受度不断增加，恶意收购越来越多。第三，股票分析师的社会地位大幅上升，大量聪明人涌入这个行业，现今的股票投资分析比以前要细致得多。总之，最终的结果就是股价低于内在价值的机会几乎消失殆尽。”

解读：不断走牛的股票市场，使得越来越多的人涌入。股票定价错误的机会越来越少，这是整体市场效率不断提高的表现。不过随着市场的进一步高涨，涌入的人越来越多，最终市场可能会走向另一个反面——过度高估。当年的场景已经为巴菲特在1969年解散合伙人企业埋下了伏笔。

5. “我一直告诫各位合伙人，三年是最短的业绩衡量期限。但随着大众投资者的热情被点燃，业绩衡量期限也自然地缩短到按年、按季、按月甚至更短的时间。出色的短期投资业绩可以带来巨大的好处，它不仅能增加按实际业绩提取的报酬，而且还提高了下一轮募资时对新资金的吸引力。这样，就形成了一个自我强化的循环——越来越多的资金追逐越来越短的投资收益期间。如此一来，必然导致一个令人沮丧的实事，那就是随着投资活动的不断加速，投资活动的载体（标的公司或股票）变得越来越不重要。”

解读：投资业绩衡量的期限越短，投资本身就越来越异化为投机。股票的基本面因素也就变得越来越不重要。对于一个价值投资者而言，衡量业绩的最短期限是三年，甚至是一个完整的牛熊循环，这是巴菲特一再强调的。

6. “我更倾向于，在投资中允许设立一些非经济行为的标准，这意味着合伙企业的行为有可能并不完全按照经济利益最大化的原则进行投资。……我持有一家属于‘控制类’公司的股票，可能只是基于我个人对于该公司人员和所处行业情况的好感。哪怕在其他方面的投资可能取得更高的回报率，我也不一定会卖出该持股。”

“因此，我可能会把自己限制在那些就我而言容易理解，且我认为安全、有利可图、令人愉悦的项目里面。虽然我认为这种方式并不会令我们的投资变得更加保守——因为我认为从我开始投资以来，我们其实一直都是采取了很保守的投资方式。所以这不会降低我们的投资风险，但长期的增值潜力却可能受到影响。”

解读：巴菲特首次提出愿意基于非经济因素的考量而长期持有某些其具有控制权的公司。即使有更好的投资机会，也不一定将其卖出。可以看出，随着年纪与财富的增长，巴菲特的投资动力在下降。此外，越来越火热的市场，也使得可能的投资机会越来越少，因此，还不如长期持有某些相对不错的公司。

7. “本·格雷厄姆是我的良师益友，他说过一句话：‘投机不缺德、不犯法，也发不了家。’去年，有人天天吃投机的糖，吃成了大胖子，赚了很多钱。虽然我们还是吃燕麦，但是什么时候整体股市都患上消化不良，别以为我们能不疼不痒。”

解读：这是一个风险提示：虽然我们坚持价值投资理念，但是如果市场投机之风盛行，整体非常高估，我们也不一定能独善其身。巴菲特的风险危机意识如影随形。

令人失望的市场：1968年致合伙人的信

股东价值是巴菲特看重的东西，而市场过分火热，对股东价值造成了伤害，因此，巴菲特感觉危机重重。在股东信中他指出，当时的美国股市，乌烟瘴气，臭气熏天。

“如今股票炒作风气盛行，如同连锁信恶作剧一般（译注：通过不断收购，虚增每股利润）。无论是发起者、高层员工、专业顾问、投资银行还是股票投机者，只要参与其中的，都赚得盆满钵满……为了制造假象，账目经常被动手脚（有一位想法很潮的企业家，他对我说，他觉得做账就得大胆、有想象力），资本欺诈手段层出不穷，企业的本来面目被重重伪装所掩盖。”

解读：连锁信骗局是金字塔骗局最常见的化身。金字塔骗局其运作规则是用后一批投资者存入的资金，支付给前一批投资者作为投资的利润。以此循环往复。为了吸引更多的投资者，“投资公司”必须不断提高利润水平。巴菲特用这个比喻形容当时的美国上市公司通过大量消耗资金，不断收购，夸大盈利，却没有真正提升公司的股东价值。

1968 年的美国股市行情更加火爆，所有相关各方都想尽办法，试图在牛市中大捞一把。在当时的市场中，会计造假更是司空见惯的行为，这与中国股市火爆之时何其相似。但在狂热之后，1969—1973 年，美国股市迎来了熊市。

解散合伙人企业：1969 年致合伙人的信

巴菲特在 1969 年的信中明确指出美国股市见顶。在这样的市场环境中，以巴菲特的选股标准，已经找不到任何投资机会，因此，他毅然决定关闭合伙人企业。

1. “我认为：第一，对强调定量因素的分析师来说，目前几乎已经找不到任何投资机会了。第二，合伙企业有 1 亿美元的净资产，这进一步减少了投资机会……第三，对投资收益日益膨胀的兴趣催生了日益短视和日益投机的市场。……我打算年底正式告知各位，有限合伙人，我要退休了。”

解读：在市场火爆之时，巴菲特却保持十分清晰的头脑。在没有符合标准的投资标的出现的情况下，巴菲特开始萌生退意，并最终解散了合伙人企业。

2. “我认为比尔·鲁安（Bill Ruane）是一个可以在未来有优异表现的资金管理人……比尔拥有非常好的投资业绩，1956—1961 年、1964—1968 年，他的投资组合的年均回报率达到了惊人的 40%。不过在 1962 年，他的资产亦曾遭受 50% 的损失。比尔没做控制类和套利类投资，我们有控制类和套利类，它们有平滑合伙基金年度波动的作用。就算不考虑控制类和套利类，我也觉得比尔的业绩波动比我们更大（这当然不等于他的业绩不如我们），他的风格不一样。”

解读：比尔跟巴菲特一样，早年一起求学于格雷厄姆，后来又一起在格雷厄姆创办的投资公司短暂工作过。可以看到，巴菲特之所以整体的投资业绩比同僚比尔波动率低，一个重要的原因是他拥有控制类与套利类这两类投资标的。控制类公司的期末估值跟股价没有关系，而是巴菲特根据公司的财务情况给出一个评估价格。套利类由于具有明确的待出售价格，比如要约收购价格，因此，除非套利的事件最终失败，否则股价波动会很低。

3.“市场的价值会围绕内含价值出现很大的波动，但长期而言，公司的内含价值终将在某个时刻被市场价值正确地反映出来。”

解读：即便价格围绕价值的波动范围有时很大，股票的价值终将被价格反映出来。这就好像主人和狗出去遛弯，狗和主人并不一定同步。狗有时走在主人前面，有时走在主人后面。但当主人走出去几公里后，狗也一定走出去了大约几公里的路，而不会是仅仅几百米。

4.“当你直接拥有这些股票时，你应当无视其短期内的价格表现。就如同你通过伯克希尔–哈撒韦间接持有它们一样。我把它们视为实业投资，而非股票。如果长期而言实体公司的业绩良好，那么股票也会有着同样的表现。”

解读：巴菲特将股票投资视为实业投资。虽然手中有股，但心中无股。

第二篇

中年至老年：

企业家+投资家+保险家（1971—2017年）

差异化竞争：1971 年致股东的信

巴菲特在信中强调了“差异化”的重要性。虽然身处纺织业江河日下的大环境，巴菲特仍然竭尽全力，试图用差异化、低成本等各项手段，挽救所持纺织企业的命运。虽然最后的结局有些悲剧，但是在经营纺织企业的过程中，巴菲特参悟了不少投资与经营哲学，使他在其他行业中，无论投资或者经营，大放异彩。

1. “我们的纺织业务虽然在降低成本上付出了巨大的努力，并且仍不断寻找价格弹性较低的纺织品，但这仅仅带来了很少的利润。然而，如果没有这些努力的话，我们可能已经出现巨额亏损了。”

解读：“寻找价格弹性较低的纺织品”，也就是将纺织产品尽量差异化，避免恶性的价格战。巴菲特一生不论投资还是经营管理，都在“差异化”上下足了工夫。

2. “我们传统的保险业务是那些专业保单，也就是一些非标准化的保单，这也是我们最大的保险业务。”

解读：巴菲特投资的保险业务，其保单都具有一定的“差异化”。这也是为了避免同质化产品的恶性竞争。

3. “我们看到有些再保险公司正在调低费率，并出现了风格激进的新竞争对手……通常我们不会对保险业务设定具体的保费收入目标。当然，也不会对再保险业务设定目标。因为如果把盈利标准抛在一边，任何保费收入目标都可以实现。当发生巨灾以及承保业绩不佳时，我们打算在这个时候取得更多的保费收入，我们希望以合适的价格获得这些保费。”

解读：别的保险公司为了扩大市场占有率，都会血拼价格。但巴菲特为了保证保单的利润率，不设定年度经营目标，尤其是收入目标。但当某一年发生巨灾导致保险公司承保业绩纷纷下滑以至于无心再打价格战时，他就会出手大举“搜刮”保单。巴菲特的经营哲学与毛泽东在战争年代的一些军事思想不谋而合，即“敌进我退，敌退我追，敌驻我扰，敌疲我打”。

保险业的经营理念：1972 年致股东的信

这一时期的巴菲特不仅是投资家，更是一位企业家。在企业的经营管理中，巴菲特秉持与投资一样的原则——看长期利益！巴菲特在保险生意的经营中依然强调从长期视角出发。经营保险公司，可以说是巴菲特在中年以及老年阶段的一项重要业务，与投资并重。因此我们评价他是一位成功的企业家、投资家、保险家。在之后的致股东信中，对保险行业经营原则与思路的评析，也是重要的一部分。

1. “我们的管理层将继续从**盈利的角度来签发保单**，尽管这样做承保利润可能将不及 1972 年。但他们会继续根据长期预期而非短期预期来制定费率。尽管这种方法使得我们的保费收入有时出现下降，但正是这种方法，为我们创造了优异的长期业绩。”

解读：从长期利益而非短期利益的视角出发“拉保单”，不计较一时一地的得失。巴菲特的经营理念与投资理念一脉相承。

2. “从长远角度来看，我们打算成为再保险领域中非常重要的一员，但在当前费率恶化的背景下，马上增加保费收入是不明智的。在我们看来，现在的承保风险比以往任何一个时候都要高。当这些风险中蕴含的潜在亏损转变为实实在在的亏损时，这个市场的定价将经历一次调整，这应当会给我们大举扩张这项业务提供机会。”

解读：虽然已经制定好了长远目标，但在不适宜的商业环境下，仍需像雍正皇帝说的那样，“戒急用忍”。

3. “1973 年 3 月 15 日，伯克希尔 – 哈撒韦公司从 20 家贷款机构那里以 8% 的利率借入了 2000 万美元，这笔贷款将于 1993 年 3 月 1 日到期。我们将其中的 900 万用于偿还银行贷款，剩下的投入保险子公司中。”

解读：巴菲特并非不借钱，只不过他的借款期限都很长，这笔贷款长达 20 年，这样，经营风险就大大降低了。

价格管制：1973 年致股东的信

很多政策或者措施，都是利弊并存的。很多事情不是非黑即白，因此需要理性的独立思考。在这一年的信里，巴菲特对纺织业的价格管制提出了一点看法。

“1973 年对纺织品的需求还是非常大的。这一年的主要焦点是纤维的短缺。纤维需要很复杂的操作流程，这就使得机器的生产能力无法充分利用。因此某些纤维的价格在这一年飙升。由于价格管制委员会的限价规定，使得很多制成品的价格没有达到我们某些竞争对手的定价程度。但是跟我们的资金投入相比，利润回报还是合理的。假如我们按照市场水平定价的话，回报可能会更高一些。纺织业有很强的周期性，价格管制会帮助清除很多障碍，但也会带来其他一些副作用。”

解读：可以看到，70 年代的美国也存在价格管制的计划经济成分，即便是在纺织业这种高度竞争的行业也是如此。巴菲特虽然对价格管制透露出一点点不满，但总体上他认为，价格管制有利也有弊。

会计估计：1974年致股东的信

这一年的信里，巴菲特把关注的焦点放在了保险业的会计估计上。会计估计的人为因素非常大，为了争抢市场，或者使账面利润好看，经营者可以轻易在损失准备金这一估计数字上做文章。而这种手法，显然将误导投资。

“很多保险机构，不论大小，对于损失准备金的重要性认识不足。”

“在1974年，这些因素及高通货膨胀率，使得保险承保业务的业绩大幅下降。”

“按照我们的估计，我们经营的产品的成本（汽车修理、医疗赔付、补偿收益等）以每月1%的增速增长。当然，这种增长并不是平稳进行的。但是通货膨胀的肆虐令我们提供的人身保险和财产保险的维修服务损失很大。然而，财险和意外伤害险费率事实上在最近几年是没有变化的。由于成本快速上升，而价格保持不变，不难预测边际利润会怎样变化。”

“在我写这封信时，这样的局面仍在继续。很多大公司的赔款准备金仍在很大程度上低估，这意味着他们低估了真实的损失。”

解读：巴菲特把关注的焦点放在了保险业的会计估计上。通胀肆虐之时，管理层为了利润数字好看而不增加损失准备金，这在一定程度上误导了股东对公司价值的判断。

脱离纯粹的格雷厄姆路线：1975 年致股东的信

这一时期，巴菲特开始愈加看中所投资企业的定性分析。由于市场环境的变化，寻找优秀的企业，即皇冠上的明珠，成为投资的主要目标，纯粹格雷厄姆意义上的“烟蒂股”渐渐离开他的视线。

1. “（纺织业务方面）我们避免在新的固定资产上投入大量的资金，因为考虑到之前对新的纺织设备所投入的大量资金只带来了相对较低的回报率，我们认为这么做是不明智的。”

解读：巴菲特实际上在收缩纺织业务。他把投入资本的回报率作为投资扩产的重要标准，绝不盲目扩张产能。

2. “我们的股票投资集中在少数几家公司，这些公司是依据具备优势的经济特征、德才兼备的管理层等标准挑选出来的，并以一个私人所有者的价值标准来衡量，购买的价格必须是诱人的……因此，**股市的波动对我们而言不再重要**，除非市场的波动给我们提供了买入机会。**所投资企业的表现才是我们关注的重点**。”

解读：20 世纪 70 年代以后，巴菲特在投资组合上更趋集中，对股票的定性分析越来越严格，具备在行业中的竞争优势且管理层优秀，成为其选股的必备条件。格雷厄姆式的“烟蒂股”在其组合中“渐行渐远”，其对股价的关注程度也越来越弱。从这一时期开始，巴菲特意义上的“价值投资”思想在致股东的信中体现得越来越明确。

优秀企业的标准：1976年致股东的信

究竟什么样的企业可以称之为“优秀”，这个问题在之后的致股东的信中被多次提及，巴菲特的答案也始终如一。就是通过长期坚持这一简单的标准，巴菲特创造了惊人的财富。1976年的信中，巴菲特首次对其所投资的一家银行进行了分析，相信这能给A股中庞大的“银行粉”一点启发。

1. “我们的重仓股相对很少。我们以长期投资的眼光来选择这些股票，并像购买一家公司100%的股份一样来考虑以下因素。第一，良好的长期经济特性。第二，管理层有才能且诚实。第三，以低于私人所有者的购买价格标准购买股票。第四，这行业是我们所熟悉的，且我们有能力判断该行业的长期前景。由于很难找到符合以上标准的股票，所以我们选择集中投资。”

解读：公司具备核心竞争优势，同时由优秀、诚实的管理层管理，这是巴菲特70年代以来不断强调的买股标准。熟悉所属行业且能判断其前景也很重要。正所谓不懂不做，不熟不做。像纺织品这样的行业，虽然巴菲特对其很熟悉，却难以判断其长期前景，所以日后再也没有买入第二家。

2. “我们的伊利诺斯国家银行的总资产收益率较全国的城市银行平均高出50%，达到2%。该银行是在以下几个前提下达到如此优异的成绩的。第一，对所有的存款支付了最高的利息。其中定期存款在该银行的比重超过了三分之二。第二，保持了出色的流动性。第三，回避了高收益的次级贷款。其不良率仅约为0.02%，大大低于同行。**成本控制在该银行的成功中起到了重要作用**。尽管银行业务大幅扩张（存款规模增长了两倍），但该银行的雇员基本维持在我们1969年买下它时的水平。”

解读：看完这一段，笔者的第一反应就是：可以把它卖给我吗？该银行在存款利率达到最高上限，且不经营高风险贷款组合的情况下，竟然达到了2%的总资产收益率，远超美国同行50%以上。要知道，在A股市场，银行在利率价格与市场准入双重垄断的情况下，总资产回报率也仅仅维持在1%～1.5%的水平。强大的成本控制是该银行总资产回报率高的重要原因。

保险与投资并行：1977 年致股东的信

在投资方面，巴菲特对指标的选取和如何解读提出了明确的要求，指出净资产收益率是非常重要的财务指标。在公司经营方面，强调了竞争优势和承保纪律，可以看出，这些与投资是一脉相承的。

1. “通常公司会宣称每股盈余又创下历史新高，然而由于公司的资本会随着盈余的累积扩增，所以我们并不认为这样的经营表现有什么大不了的，比如说每年股本扩充 10% 或是每股收益成长 5% 等，毕竟就算是静止不动的定存账户，由于复利的关系，每年都可稳定地产生同样的效果。”

解读：盈利创出新纪录并不是什么新鲜事。一笔银行存款，如果利滚利一直存下去，每年利息额都会创新高。盈利的增幅超过资本的增幅才是不错的。

2. “除非是特殊的情况（如负债比例特别高或是账上持有重大资产未予重估），否则我们认为股东权益报酬率应该是衡量管理层表现的合理指针。1977 年，我们期初股东权益的报酬率约为 19%，这比去年同期稍微好一点，但远高于自身过去长期以及当年美国企业整体的平均数。虽然我们每股的盈余成长了37%，但由于期初的资本也增加了34%，这使得我们实际的表现并没有想象中那么好。”

解读：巴菲特指出，净资产收益率是衡量盈利能力的核心指标。但前提是：第一，公司的负债比率不是特别高，因为高负债率下的高盈利能力是通过高风险获得的。第二，账面上无未予重估的重大资产，否则公司会仅仅因为资产的历史记账成本低而取得高净资产收益率。这是虚胖的表现。此外，盈利应是扣除非经常性损益后的由经营主业取得的经常性盈利。

3. “保险这行业虽然小错不断，但大致上还是可以获得不错的成果，就某些方面而言，这情况与纺织业刚好完全相反——管理阶层相当优秀，但却只能获得微薄的利润。你们的管理阶层所学到的一课就是：选择顺风而非逆风产业环境的重要性。不幸的是，有时你们的管理层会再次学到这一课。”

解读：纺织业是资本密集、劳动密集的行业。在当时，随着包括日本在内的亚洲国家的工业崛起，美国的纺织业逐渐沦为高投入低产出的行业。形成鲜明对比的是，保险业无须大量资本开支，一张保单就可以带来滚滚的现金（“浮存”的投资资金）。两个行业的特征相去甚远。通过长期投资这些实业公司，巴菲特对商业模式的领悟日趋成熟。不过有时候，获取经验是一而再、再而三的过程。英国的一位历史学家曾说过：“我们从历史中唯一能学到的教训就是：我们从历史中什么都学不到。”

4. “国家产险公司的承保利润大幅成长，此外，可供投资的资金亦迅速累积，只可惜这样的情况维持不了多久，这些业者（译注：同业竞争对手）又会卷土重来，随着市场紧绷情势转为宽松，费率又将变得失控，保费收入将锐减。**我们要严格执行承保纪律，如此才能抗**

拒直觉。就让其他从业者以疯狂的价格抢走生意吧。”

解读：保险业存在周期性的价格战。针对这种市场特点，巴菲特的原则是，恪守“冷时进场，热时离场”的纪律，以此来对抗人性本能的冲动。这一点巴菲特经常重复强调。

5. “保险公司提供的标准化保单很容易被其他同业模仿，他们唯一的产品就是承诺。……消费者对于产品也很难产生特别的偏好。……但不可否认的是，保险事业的本质使得经理人的表现对于公司绩效的影响具有举足轻重的地位。幸运的是，与我们共事的是一群优秀的经理人。”

解读：标准化的普通财产保险业务本身并不容易建立竞争优势。巴菲特是通过一套严格的承保纪律才使得自己的普通保险业务比同行经营得好一些。这也是日后巴菲特向特殊保险业务（巨额灾难险等）转型的原因。

6. “因为我们重仓持股的投资，往往要持有很长一段时间，所以我们的投资绩效依据的是这些被投资公司在这段时间的经营表现，而不是特定时期的股票价格。就像我们认为买下一家公司却只关心他的短期状况是件很傻的事，同样地，持有公司部分所有权，也就是股票，也不应该只关心短期盈余或者是盈余短暂的变动。”

解读：不但不需要关注短期股价的波动，公司短期盈利的波动也不需要过分在意。这对投资者的要求又上了一个台阶。即便是对基本面因素，也不需要在短期内过度在意。

7. “伯克希尔纺纱与哈撒韦工业是在 1955 年合并成为伯克希尔 – 哈撒韦公司的。再将时间往回推到 1948 年，当年他们合计税前盈余达到 1800 万美元，旗下拥有十个遍布新英格兰地区的工厂，员工人数一万人，在当时的环境，他们算是经济成长的重要动力之一，因为

IBM 在同一年度的盈余也不过 2800 万美元（现在的年获利达到 27 亿美元），3M 只有 1300 万，而时代杂志则为 900 万。然而在双方合并后的十年内，累计营收虽然有 5.95 亿，但结算亏损却达到 1000 万美元。时至 1964 年，公司的营运仅剩两家工厂，净值更从合并时的 5300 万美元大幅缩减至 2200 万美元。所以我们可以这样说，单一年度所透露出的公司营运的境况实在是极其有限。”

解读：三星公司说过：唯一不变的就是变化。巴菲特通过伯克希尔-哈撒韦的历史变迁，充分说明了各个公司、各种商业形态的竞争力都在不断变化。所以，过分关注单一年度的盈利意义不大。公司的竞争优势是否可以持续，才是最值得投资者关注的。

8. “我们过去的经验显示：购买一家好公司部分股权的价格，常常要比协议谈判买下整家便宜许多。因此直接购并的方式往往不可能得到价廉物美的企业股权，还不如通过拥有部分股权的方式来达到目的。当价格合理时，我们很愿意在某些特定的公司身上持有大量的股权，这样做不是为了要取得控制权，也不是为了将来再转卖或是进行购并，而是**期望企业本身能有好的表现，进而转化成企业长期的价值以及丰厚的股利收入**，不论是大股东还是小股东都能享受这些回报。”

解读：巴菲特购买公司部分股权的目的和购买整个公司的股权是一样的：那就是分享公司的红利的成长。之所以很多时候只买部分股权，那是因为在市场低迷时，这样做，购股成本更低。

预测不靠谱：1978 年致股东的信

巴菲特对美国的一些会计制度深感不满，因为其在某些方面无法反映企业的真实情况，并误导大众。企业经营方面，此时他仍深陷纺织业的泥潭，虽然采取了各种手段，但仍无法挽回局面。在纺织业中的坎坷，从另一方面也为巴菲特提供了宝贵的经验，即避免同质化竞争，提倡差异化。这一思想在他日后的投资与经营中都有体现。与此同时，巴菲特在信中首次明确表示：没有人可以预测股价波动。

1. “如此将营业收入、费用、应收款、存货、负债等会计科目合并，其所产生的合并数字来自完全不同的行业，包括纺织、保险、糖果、报纸及邮票等。……对于财务报表这样的归类方式，我们认为非但无法解释实际现状，反而模糊了真正的焦点。事实上，我们内部从来就不使用这样的报表进行分析管理。”

解读：将母公司旗下的各个子公司的报表，经过抵消分录后合并称为“合并会计报表”。对跨行业的公司来说，合并会计报表仅仅是流于形式而已，对投资者而言缺乏实际的分析作用。这就好比我今天吃个 2 个苹果，5 个葡萄，6 个大枣，8 个李子，合并后我告诉大家，今天我总共吃了21个水果。我传递的这个信息会让大家一头雾水。

因此，对于多元化的公司，公布其分行业的详细分部会计报表供投资者分析尤为重要。这一点，内地目前的会计信息披露做得还远远不够。

2. “我们不打算去预测股市的走势。事实上，我不认为有人能够‘成功’预测股市短期内的波动，包括我本人在内。”

解读：巴菲特首次明确表示，无人可以预测出股市短期内的波动。预测股市短期的波动与算命无异。

3. “（在纺织业务方面）改善利润率的方法包括：产品差异化、更新设备降低成本、妥善运用人力、向高附加值产品转型等。我们的管理层正在致力于实现这些目标。但是，真正的问题在于，我们的竞争对手也在朝这些目标努力。……纺织行业的现状充分说明了教科书中的内容——生产无差异化产品、资金密集型行业注定只能赚到微薄的报酬，除非供应吃紧。”

解读：在一个同质化竞争的行业里，你能做的任何管理上的改善，别人也可以做到。因此，对于缺乏竞争优势的公司而言，管理的作用其实非常有限。行业产能大多数时间是处于供过于求的状态，实质性地提高利润率显然是“难于上青天”。

4. “我们并不反对旗下100%持股的子公司将所赚取的盈余继续保留在账上，如果他们可以利用这些资金创造更好的投资报酬的话。同样地，对于其他仅持有少数股权的被投资公司，如果他们可以好好地运用这些资金，创造更好的报酬，我们何乐而不为（这样的前提，也意味着，如果某些产业并不需要投入太多的资金，或是管理阶层过去有将资金浪费在低投资报酬率的记录，那么，盈余就应该分还给股东或是拿来回购股票，这是关于资金运用的最好选择）。”

解读：对于公司每年的利润是否应该分配，关键取决于公司的保留盈余能否取得更好的投资回报率。如果保留盈余留在公司里取得的投资回报率高于分配给股东，就应该保留，反之，就应该大量分红或回购股票。可见，巴菲特并非一味地强调公司分红，而是非常理性、辩证地看待分红问题。哪种对股东最有利，就选择哪种方式。对于A股市场一度一边倒地呼吁上市公司应该加大分红的问题，我们同样应该辩证看待，不是强调所有公司一味地大量分红。

5. “我们过去的经验显示，一家费用成本高的公司经营者，永远找得到增加公司开支的借口；相反，一家费用成本低的公司经营者，永远找得到为公司节省开支的方法，即使后者的成本早已远低于前者。”

解读：“由俭入奢易，由奢入俭难。”如果在历史上，一家公司具有节约成本费用的习惯，那么，这家公司在未来也可能会延续这种“好习惯”。

经济滞胀：1979年致股东的信

面对滞胀的经济大环境，巴菲特在信中对投资的依据、投资品种的选择以及如何投资和经营进行了综合分析。基于大环境的变化，购买“烟蒂”公司已经变得越来越不划算，以合理的价格购买一些资质较好的公司成为最佳选择。

1. “所以我们判断一家公司经营好坏的主要依据，是股东权益报酬率（排除不当财务杠杆或会计作账），而非每股盈余增长。”

解读：股东权益报酬率即净资产收益率。这里的净资产收益率是剔除非经常性损益后的，且可长期持续的。巴菲特之所以强调净资产收益率的重要性，其本质还是在强调公司的竞争优势，而非单一的财务指标。

2. “如果未来我们能够持续维持每年20%的获利——这成绩已相当不简单，假如这样的良好业绩又能完全转化成伯克希尔股票价格的上涨的话——如同过去15年的情况，那么在14%的高通货膨胀率之下，各位的购买力可以说几乎没有任何增加，因为剩下的6%将会在你决定将这20%的所得变现放入口袋时，缴交所得税。”

解读：20 世纪 70 年代，美国经济表现为高通胀、低增长的“滞胀”。当时美国的通货膨胀率一度达到两位数，且维持了很长的时间。这种情况下，20% 的投资收益，在扣除约 25% 的资本利得税后，与 14% 的通货膨胀率基本相当。

3. “一位长期观察伯克希尔的朋友曾指出，1964 年底我们每股账面净值约可换得半盎司黄金。在我们全力以赴，努力耕耘了十五年后，每股账面净值还是只能换得半盎司黄金，把黄金换成石油后，结果也一样。关键就在于我们的政府只会印钞票与画大饼，却不会产出黄金或石油。”

解读：过去十五年，由于高通胀的原因，黄金和石油的价格同样以每年平均 20% 左右的速度上涨。20 世纪 60—70 年代，美国大举印钞，其中一个重要的原因就是旷日持久的“越南战争”。不过在之后的十五年里，伯克希尔 – 哈撒韦公司的净资产继续以平均每年 20% 的速度增长，美元却大跌，原油也没有继续大涨。

4. “……虽然买进的价格（指纺织厂）相当划算（低于营运资本），也取得一些物美价廉的机器设备与不动产，几乎可以说是半买半送，但不管我们再怎么努力，整个投资决策事后证明依然是个错误。因为就算我们再努力，旧的问题好不容易才解决，新的问题就又冒出来。”

解读：可见，购买价格便宜并不是投资成功的唯一保证。70 年代后期，由于通胀的肆虐，购买“烟蒂”公司变得越来越不划算。

5. “在经过多次惨痛的教训之后，我们得到的结论是，所谓有‘转机’的公司，最终少有成功的案例。所以，与其以便宜的价格购买一家很普通的公司，还不如以合理的价格投资一些资质较好的公司。”

解读：如果一家公司竞争优势明显，产品有很强的定价能力，那么即使股票的估值高一些，也比那些看似便宜的“烟蒂股”好多了。其根本原因是，具备竞争优势的优质公司其内在价值在未来可以不断增长，不断提升股东价值。而“烟蒂”公司由于往往处于主业陷入困境的状况，所以其内在价值在未来很难持续增长。公主吻了青蛙之后，青蛙就变成王子的神话，更多的是出现在童话故事中。现实中的情况更多的是公主吻了青蛙后，公主自己也变成了青蛙。

6.“去年，整个保险业界，因投资债券而蒙受了相当庞大的损失。但由于依照现行会计原则，允许保险公司以摊余成本而非已严重受损的市价来记录其债券投资，因此，这种损失暂时体现不出来。然而，这种会计方法实际上反而是导致债券投资产生更大损失的元凶。因为当初若是保险公司被迫以市场价格来认列损失，那么他们或许就会更早注意到问题的严重性。”

解读：所谓“摊余成本法”是指，估值对象以买入成本列示，按照票面利率或商定利率并考虑其买入时的溢价与折价，在其剩余期限内平均摊销，每个会计期间计提收益。“摊余成本法”记账跟债券的市价波动无关。因此，采用这种会计记账方法，保险公司投资债券的损失就暂时显示不出来。而“市价法”则是以债券的市价记账，价格下跌的损失可以很快体现在会计报表上。不论采用何用记账方法，它只可能影响公司的盈利，却不可能影响公司的价值。

7.“长期债券是目前高通胀环境下唯一还存在的长期固定价格合约。合约的买家可以轻易地锁定未来三十到四十年每年的资金使用成本。……在其他商业领域中，只要是签订了长期合约，通常都会要求随行就市或是每年必须重新审议合约。然而在债券领域，却存在文化落差，不必指望买家（借款人）以及中介（承销商）会指出这个问题，而至于卖家（债权人），即便历经了经济与契约的变革，却依旧浑然不觉。”

解读：在美国当时的高通胀环境下，投资相对低利率的超长期债券，明显是不划算的。特别是考虑到主权信用货币制度下，美元的不断超发，将一种产品的价格长期固定，是不可思议的。而在债券领域，这种不可思议的定价行为一直持续至今。这也是金融市场缺乏效率的体现之一。

8. “当然，基于保险营运所需，我们必须持有大量的债券或固定收益部位。但最近几年，我们在固定收益方面的投资多属可转换债券。也由于具有转换成普通股的权利，使得这些债券实际发行的时间比其名义期限要短得多。因为在到期前，依合约规定，我们可以要求转换为股份。”

解读：一方面，由于保险运营对流动性和固定收益性的需求，需要固定收益证券；另一方面，由于通胀肆虐，不宜大规模配置固定利率债券。那么，具备股性与债性双重属性的可转换债券自然就是进可攻、退可守的不二选择了。

9. “当然，我们对债券的看法也有可能保守了，通胀降低的概率也不是没有，毕竟通胀更多的是人为因素造成的。也许有一天人们真能有效地控制它。立法当局及相关团体应该已注意到这个问题，可能会采取必要的措施。”

解读：在二战以后，特别是布雷顿森林体系瓦解后，各国纷纷实行主权信用货币制度。这种制度下，一个国家的通货膨胀程度主要是由货币管理当局以及中央政府决定的。在美国，美联储在制定货币政策方面具有相当的独立地位。不过，凡事都不是绝对的。毕竟，美联储主席是由美国总统提名，并经参议院投票批准才能上任。

10. “本公司有关财务决策一向是属于中央集权，且决策集中于最高当局。但在营运方面却是极端授权予集团子公司或事业体的专业经理人。”

解读：巴菲特只负责整个集团的资金分配，而不负责具体子公司的日常管理。每个子公司的管理层大都是该公司原来的老板或总经理。

买入 GEICO：1980 年致股东的信

巴菲特对会计准则的局限性进行了分析，并据此提出了“与传统不符”的观点。他没有深陷复杂的会计记账原则，而只是简单地看企业的盈利能力，是否有持续的竞争力。

这一年有一个标志性的事件，买入 GEICO。不仅巴菲特的粉丝，就连巴菲特本人，也多次探讨 GEICO 这一成功案例。其实，在这一年的信中，“两家公司都是一方‘霸主’，暂时的打击并未毁掉其原本的竞争优势”，这一简单的表述已经道出了投资的实质。

1. “当一家公司拥有另一家公司部分股权时，在会计上通常有三种方式来处理投资公司在被投资公司所拥有的权益，其中所持有的股权多寡将决定公司采用何种方式。一般公认会计原则规定，若持有股权比例超过 50%，则投资公司必须完全合并该被投资公司；若持有股权比例介于 20% ~50%，则在投资公司的账上仅记录一个分录，将被投资公司依股权比例所认列的投资损失或利益予以入账；若持股比例低于 20%，投资公司仅能认列被投资公司实际发放的股利部分，至于保留盈余则不予理会……伯克希尔将发展的重点集中于保险事业，使得其资源大量集中投注于第三类，这些被投资公司仅将它们所赚利润的一小部分以现金分红的方式分配给我们。即，其盈利能力仅有一小部分呈现在我们公司的账上。”

解读：对于持股比例超过50%的子公司而言，需要与母公司合并会计报表。持股比例20%～50%的参股公司，则按照权益法进行会计核算。被投资公司所产生的净利润及净资产的变动值，母公司都要予以确认。如果持股对参股公司的比例不足20%，则按成本法核算，只有被投资公司分红时，母公司才予以确认收益。这时，被投资公司的留存收益所带来的价值就无法体现在母公司的会计报表上了。这是会计准则本身的局限性。

2. “对伯克希尔而言，对于盈余价值的确认，并非取决于我们的持股比例是100%、50%、20%、5%还是1%，盈余的真正价值取决于其将来再投资所能产生的收益。……我必须提醒诸位，这样的观点是与传统不符的。但是，我们宁愿将所赚得的盈余继续交给不受我们控制的管理人员妥善管理，也不希望被我们自己浪费。”

解读：会计准则本身是有局限性的。公司一些资产的隐蔽价值，会计报表本身并不一定能够反映出来。我们在投资的时候，要认真研究财务数据，但不能拘泥于财务数据。

当被投资公司可以将保留盈余不断增值时（超过资金成本），巴菲特就对其现金分红没有过多的要求。

3. “高通货膨胀率等于是对投入的资本额外征了一次税，如此可能使得大部分的投资显得有点愚蠢。近几年，由于通胀不断高企，为了跑赢通胀，企业需要达到的最低投资报酬率日益提高。”

解读：在英国作家刘易斯·卡罗尔的《爱丽丝漫游奇境》中，红色皇后对爱丽丝说：“在我这个国度，你只有拼命地往前跑，才能使自己停留在原地。”20 世纪 80 年代初的美国，大多数投资人都类似于卡罗尔笔下的爱丽丝——拼命提高投资收益率，也只能勉强保住自己的货币购买力。

4. “过去几年，我们一再提到买进那些在未来有可能出现‘转机’的公司，结果却令人大失所望。……在比较了原有的预期以及实际的表现后，我们的结论是：**除了少数的例外者，当一个著名的经理人遇到一个逐渐没落的夕阳产业时，往往是后者占了上风。**”

解读：巴菲特通过持续跟踪数百个例子后，再次忠告我们：公主吻过的青蛙最终变成王子的概率是很低的。宁可用二流的价格购买一流的公司，也不用一流的价格购买二流的公司。

5. “GEICO 目前遇到的问题与 1964 年美国运通爆发色拉油丑闻的事件类似：两家公司都是一方‘霸主’，暂时的打击并未毁掉其原本的竞争优势。”

解读：1980 年，GEICO 公司由于经营不善，股价大跌。巴菲特逢低买进了一部分股票。这种情景跟他当年买入美国运通是一样。只要公司的竞争优势在未来可以保持，那么一时的困境只会令短期的财务数据难看，却不会影响公司的长期价值。当然，如果是得了恶性而且扩散的肿瘤，就另当别论了。投资这样的公司不仅需要胆量，更需要全面、客观的分析，真正了解公司的实际情况。

6. “我们深信，对股票或债券价格的短期预测根本是没有用的。”

解读：不仅是股票，即使是对债券的短期预测也是徒劳的。相反，预测者本身最终一定会大失所望。

7. “……此种令人沮丧的动作，对于净值影响程度不一。有些公司在此阶段的反应是出售成本与市价相当的股票，或是出售投资浮亏较小的债券。**出售好的投资，留下烂的部分，这种鸵鸟心态，短期内**

或许没什么，但对于公司与产业的长远发展定会产生重大的损害。”

解读：当一些保险公司由于某些原因，必须要卖出一定的投资部位，收回资金时，他们往往会选择让账面利润好看的方案，也就是出售浮亏较小或盈利的部位。正确的做法是出售价值被高估的投资部位，而不管其盈利与否。这种行为和心态，A股投资者中同样不乏其人。

8. “8月，我们发行了利率12.75%，期限25年期（2005年到期），金额6000万美元的公司债。跟大部分的公司不同，伯克希尔并不会为了一些特定的短期资金需求而去融资。我们借钱反而是因为我们觉得在一定期间内（约略短于融资年限）将会有许多好的投资机会不断出现。**最佳投资机会大多出现在市场银根最紧的时候**，那时候你一定希望拥有庞大的火力。”

解读：巴菲特也会适当配置负债，只不过负债期限很长（25年）。同时，他也是为了将来可能出现的投资机会做好准备。如果在市场风声鹤唳之时再去融资，要么融不到，要么资金成本太高。

9. “对于投资购并的对象，我们偏爱那些会‘产生现金’而非‘消化现金’的公司。由于高通货膨胀的影响，越来越多的公司发现它们必须将所赚得的每一块钱再投入才能维持其原有的营运规模，就算这些公司账面数字再好看，除非看到白花花的现金，否则我们对之仍会保持高度警戒。”

解读：巴菲特倾向的公司是低投入、高产出型。在公司特征上，这类公司往往体现为具备强大的品牌商誉或某项独占的专有技术。在财务指标上，这类公司往往体现为较高的净资产收益率或投入资本回报率。

创造股东价值：1981 年致股东的信

对公司的多元化并购，巴菲特一直持有谨慎的态度，在他看来，很多公司并购的出发点并非以股东利益为重，而是出于管理层自己的私心。20 世纪 80 年代以后，公司并购掀起阵阵狂潮，巴菲特对这种现象不止一次进行了批评，虽然侧重点不同，但核心只有一个，那就是并购是否真的对股东有利。因此，是全资买下一家公司，还是在二级市场买入部分股权，巴菲特判断的方式也很简单，哪种方式对股东有利，就选择哪一种。

这一年，通胀仍是主流，其对投资的负面影响仍然挥之不去，巴菲特从不同的方面提出了预警。

1. “……未分配且未记录的盈余仍将会与那些我们控制的公司所赚的盈余一样，转化成伯克希尔的价值，虽然它们是以伯克希尔不规律的已实现或未实现利得的方式呈现。但就长期而言，市场价格终将会与企业价值同步发展。”

解读：对于持股比例低于 20% 的公司而言，由于伯克希尔需要采用成本法计价，被投资公司大量的保留盈余无法在其账面上体现。但长期而言，这些保留盈余的价值会体现在伯克希尔公司的内在价值与市场价格上。

2. “整体而言，我们持有的那些无控制权公司的企业竞争力反而比那些具有控制权公司的竞争力更强。可能的原因是在股票市场上，我们可以合理的价格买到部分优秀企业的股权，而若要通过购并谈判的方式买下整家公司，其平均价格可能远高于市价。”

解读：这种情况在中国股市也是如此。二级市场给了巴菲特以便宜的价格买入优秀公司的机会。“市场先生”可以说是巴菲特的大恩人。

3. “我们购并的决策重点在于**能否为股东创造价值**，而非管理范围或财务数字最大化（长期而言，若管理当局过度注重财务数字而忽略经济价值的话，通常最后两者都顾不好）。不管对账面盈余有何影响，我们宁愿以 X 价格买下一家好公司 10% 股权，而非以 2X 价格买下那家好公司 100% 的股权，但大部分的公司管理层偏好后者，而且对此行为总是找得到借口。”

解读：宁可以便宜的价格买下一小部分股权，也绝不以昂贵的价格买下整家公司。从历史统计看，并购成功的概率是很低的。因为大多数企业管理层的并购是从扩大公司规模的角度考虑的，**而非创造股东价值的角度**。同时，管理层有时会过度自信，以为自己是那个著名的“公主”。

4. “尽管如此，平心而论，仍然有两种情况的购并是会成功的：第一类是那种能够抵御通货膨胀的公司，通常它们又具备了两种特征，一是很容易提价（即使是当产品需求平缓而产能未充分利用也一样）且不怕会失去市场占有率或销售量；二是只要增加少量的资本支出，便可以使营业额大幅增加（虽然增加的原因大部分是因为通货膨胀而非实际增加产出的缘故）。”

解读：只有那些在行业内具备极强的竞争优势的公司才能轻易提价且不失去市场份额。这种公司对下游客户有着很强的议价能力，可以很好地抵御通货膨胀的侵蚀。

那种增加少量的资本支出，便可以使营业额大幅增加的公司，都是盈利能力非常强的公司。一般都会有很高的净资产收益率。

5. （接上）“第二类属于那些经营奇才。……我们尤其要向 Capital City 的 Tom Murphy 致敬，他能将购并目标锁定在第一类公司，而他本身具有的管理才能，又使他成为第二类的佼佼者。”

解读：这种经营奇才是非常罕有的。即便是巴菲特，面对一家陷入困境的公司，依然无力回天。由此也说明，成功的购并概率并不大。

6. “我们也发现，很容易从市场买到一些由有能力且正直的人经营的公司的部分股权。……但若最后愿望落空，可能是出了以下几种差错：（1）我们所投资的公司的管理层有问题。（2）公司的前景有问题。（3）我们付的价格有问题。实际上，我们不论在买进具控制权或不具控制权的股权时，皆曾犯了许多错误，其中以第二类误判的情况最常见。”

解读：如果管理层、商业模式与公司前景、买入价格三个因素都没问题，那就注定是一笔好投资。这里面最难判断的是公司前景，其次是管理层的诚信与专业能力，最后才是入股价格的高低。

7. “人们之所以要投资股票而非债券等固定收益品种，原因在于公司管理层可以运用这笔资金创造出比固定的利息收入更高的利润。因此人们愿意承担发生损失的风险。因此而产生的额外的风险贴水是理所当然的。……过去数十年，一家公司的股东权益报酬率只要超过10%，便能被归为优良。当我们把 1 美元投入这家公司后，它将来能产生的经济效益将会大于1美元（当时长期债券的复利利率约为5%，而免税公债则约3%），即使加计税负，投资人实际仍能有6%～8%的收益。股票市场也认同这种道理，在过去的一段时间，一家股东权益报酬率达到11%的公司，其市价可以涨到约净值的1.5倍，而这些公司所产生的附加价值相当可观。”

解读：在过去的数十年里，即便以1.5倍的市净率买入一家净资产收益率为11%的公司，投资人实际到手的年收益率也就在6%～8%。看似不太高的收益率，但这对投资人来说确实挺划算的。因为这个回报率超过当时年利率5%的长期债券与年利率3%的免税公债不少。这个超出的部分（如超过免税公债3%～5%）就是股权投资相对债券投资的风险贴水。这大体上还说得过去。

8.（接上）“然而那一切已成过去，但人们却很难抛弃过去所得到的经验法则……这些年，经济环境有了天翻地覆的变化。去年长期债券复利率超过16%，免税公债约为14%。这些收入可以直接落入投资者的口袋。同时，美国企业的股东权益报酬率约为14%，而且尚未考虑公司分红所需支付的税负（视被投资公司的股利政策与投资人适用的所得税率而定）。假如以1981年的标准，投资一家美国公司，1美元所产生的经济价值还低于1美元（当然若投资人是免税的慈善机构，则情况可能会好一点）。假设投资人适用于50%的税率，而公司把所有利润都发放出来，则股东的投资报酬率约等于投资7%的免税债券。……但如果公司把所有利润都保留起来，而股东权益报酬率维持不变，则盈余每年会以14%的速度增加。再假设市盈率不变，则公司的股价每年也会以14%的速度增长。但股价增长的部分不算是已落入股东的口袋，因为股东卖出股票需要付最高约20%的资本利得税。所以不管怎么比较，股权投资的收益率还是比最基本的年利率14%的免税公债低。”

解读：由于通胀的原因，美国在 1981 年时的免税公债年收益率已经高达 14%。这时候，即便以一倍市净率买入一家或创建一家每年净资产收益率为 14% 的公司，由于股利所得税与资本利得税的双重原因，股权投资人依然会跑输公债的投资人。可以说，高通胀与利得税（包括股利所得税与资本利得税）是投资者的天敌。同时，我们还得注意到，当经济环境变化时，不能简单地套用过去的经验。比如，由于利率已经飙升，即便股票的市盈率降得很低，也不表示此时股票一定比过去更具投资价值，因为衡量公司价值的标尺在改变。

9. “需要强调的是，我并不是说所有的美国公司表现得比以往更差。事实上，反而是比以前还好一点，只是评价标准的最低门槛比以前提高了许多。”

解读：当价值衡量的标尺改变时，原来的好东西也会变成坏东西；反之亦然。

如何经营保险业：1982年致股东的信

对巴菲特来说，经营保险公司与投资一样重要。差异化是巴菲特在投资与经营中极其看重的一项品质，但是保险业恰恰是一个竞争激烈，很难突出差异化的行业。即便如此，巴菲特却在保险业取得了非凡的成就。鉴于本书主要侧重投资领域，对保险经营方面的节选与解读只是粗略带过。其实，对于保险业的经营，巴菲特主要侧重的有三点：一是严格承保纪律，避免价格战；二是努力创造差异化，如大力发展超级灾难险；三是控制成本。A股中有数量庞大的保险股粉丝，有兴趣的读者可以仔细研究一下巴菲特的保险经营思路。

1. “一家公司的利润对股东的价值，在于公司是否将其有效地运用，而跟我们的股持比例或公司的分红率无关。如果你拥有伯克希尔万分之一的股权，过去十几年，你一定能够感受到公司利润的增长，无论你采用的是何种会计原则。同样，你也可能100%拥有一家资本密集公司，即使每年皆能完全确认公司的损益，却从来没有得到公司实质经济利益成长的喜悦。这不是在批评会计原则——我们也没有能力建立一套更好的制度——只是告诉所有的管理层与投资者，会计数字只是评价企业的起点而非终点。对大部分公司而言，20%的股权可能不算重大，因此会计报表列示的账面价值与实际价值差异并不大。但我们的情况却相反，我们所投资公司的重要性与成长性，使我们原来账面列示的利润数字显得微不足道。”

解读：分析公司要通过现象看本质，关注经济实质而非会计数字。对于持股比率低于20%的股权，运用成本法确认收益就是一个典型的例子，特别是对于伯克希尔公司而言。

2. “……这些未显现的会计利润将通过公司的股价不定期且不规则地反映出来。这为价值投资者提供了机会。他们可以挑选价廉物美的公司，并从那些惊慌失措的投资者（犹如旅鼠）手中捡到便宜货。在这个巨大的拍卖市场中，我们的工作就是去挑选那些能将所赚的钱再利用并产生大于原本的经济效益的公司。”

解读：短期内，股价波动由多种因素共同决定。类似生物学无规则的“布朗运动”。有时市场情绪会失控，这就给了价值投资人捡便宜货的机会。

3. “对于投资人来说，**买进的价格太高将抵消这家绩优企业未来十年良好的发展所带来的经济效益**。所以当股票市场涨到一定程度，我们有效运用资金买进股票的能力就将大打折扣，甚至完全消失。这种情况会定期发生。”

解读：再优秀的公司也一定会有一个价值上限。高价买入优质公司最终一定会吞食苦果。好公司还需好价格。

4. “一般来说，若企业所在的行业供给过剩且产品为一般化商品（外观、售后服务等都无差异化），便极有可能发生盈利警讯。若价格或成本在某些情况下（如通过政府立法干预、非法勾结或国际性联合垄断如OPEC）能够获得控制，也许可以稍微免除自由市场竞争之苦。

否则，若客户不在乎其所采用的产品或渠道服务由谁提供，成本与价格完全由激烈的竞争决定，这样的产业一定会面临悲惨的下场。”

“在很多行业就是无法做到差异化，有些生产者因具成本优势而表现杰出。然而这种情况极少，甚至不存在。”

解读：产品或服务同质化竞争的行业，大多数时间都处于产能过剩而导致的价格战状态。唯一的出路就是通过不断做大，通过规模优势，达到“成本领先”，从而在行业中处于优势地位。但靠这种方式出头的概率并不高。对于某些行业，可以通过品牌、技术等实现产品或服务的差异化，这样的公司“舒服”的日子比“苦恼”的日子要长得多。

5. “绝大多数情况下（除了发生股市大崩盘或自然界的大天灾），**保险业都是在过度竞争的环境下经营**。尽管从业者勇于尝试变化，但所销售的保单多属于无差异化的一般商品（很多保户包含大公司的经理人在内，甚至不知道自己所投保的是哪一家保险公司），所以保险业在教科书当中一般被归类为供给过剩且产品同质化的艰难行业。”

解读：通常而言，如果没有政府或行业联盟的价格管制，保险业的价格战会非常激烈。美国在20世纪70年代以后，保险业的价格管制逐渐放开，竞争也日趋激烈。这也是日后巴菲特大力发展超级灾难险的原因。因为超级灾难险难于定价，缺乏竞争对手。

6. “为什么保险业即使在面临同质化竞争的情况下，数十年仍能有所获利（1950—1970年，行业平均的综合成本率为99%，这使公司除获得投资收益外，还增加了1%的承保利益）？原因在于传统的政策规范与营销方式。21世纪以来，整个行业都在依照从业者们所掌控的接近于法律法规的价格管制机制在运转。虽然竞价行为确实存在，但在大型保险业间却并不普遍。主要的竞争在于各个公司争取经纪人方面，且多用各种与价格无关的方式。而大型业者的保险费率主要是通过行业协会与州政府的管理当局协调（或依照保险公司的建议）制定。虽然讨价还价是难免的，但那是保险公司们与政府之间的事情，而不是保险公司与客户间的行为。当争论结束后，公司甲的价格可能与公司乙的完全一致，而法律也禁止保险公司或经纪人再杀价竞争。保险公司与州政府之间通过协议制定的价格，保障了保险公司的获利。当资料显示现有价格会导致亏损时，政府还会与保险公司协调，共同努力改善损失的状况。因此，行业内大部分的定价策略都能确保公司有利可图。最重要的是不同于一般的商业运作习惯：保险公司即使在超额供给的情况下，仍能合法地调整价格以确保公司的获利。”

解读：美国的保险业也曾在几十年的时间里，通过行业协会与管理当局的协调来进行价格管制。完全自由竞争的市场是不存在的。通过价格管制，整个保险行业的综合成本率仅为99%。低于100%就意味着承保本身是有收益的。与此同时，由于保险公司账面上有大量的“浮存金”，公司可以利用这些资金进行投资。因此，除了承保本身的收益外，还有一块投资收益。当然，投资收益的高低各家公司可能差异很大。

7. “但好景不长……新进入者利用各种不同的营销管道并以‘价格战’作为竞争工具。消费者们则逐渐了解到，保险不再是不可议价的行业……只有一种情况才能改善目前保险业承保利润不佳的状况——和铝、铜或玉米行业一样——缩小供给与需求之间的差距。不幸的是，不像铝、铜等行业，保单的需求不会因市场紧峭而突然大幅增加。所以只能收紧供给端。……只要保险公司们克制一下签订保单的冲动即可。然而，保险公司们绝不会仅仅因为目前获利不佳就抑制这种冲动。虽然不赚钱会使保险公司犹豫再三，但他们却不愿冒着丧失市场占有率与行业地位的风险而放弃大笔的生意。只有自然界发生大灾难或者金融风暴才会使保险公司大幅缩减保单的供给。这种情况也许明天就会发生，也许要等上好几年。到时候即使把投资收益加上，多数保险公司也很难获利。当供给端真正紧缩时，大笔的业务将会送上门来给那些幸存的大型保险公司，他们有能力也有渠道吃下所有的生意。我们的保险子公司已经为这一天的到来做好了准备。”

解读：巴菲特参透了保险业的实质，为我们展示了一幅 20 世纪 80 年代美国保险业的画卷：保险业的价格管制瓦解，“价格战”成为新进入者最好的利器。保险业的承保利润越来越差。由于保险的需求端不会突然增长，因此，只有通过抑制供给端才能缓解价格战，提高承保利润。然而，没有人愿意在正常的年景轻易地退出市场竞争，除非发生大规模的自然灾害或者金融风暴。伯克希尔是极少数的能够在保单价格过低时主动退出市场的保险公司。伯克希尔的承保原则是创造股东价值而非扩张公司规模。

8. “我们公司增发新股时遵循一项原则：不轻易增发新股，除非增发后所换得的资金或企业股权的内在价值与我们所付出的价值一样多。这种原则看似理所应当。你会问，哪有人会笨到以 1 美元去交换 50 美分呢？但不幸的是，许多企业经理人恰恰愿意如此。他们在购并企业时的第一选择是用现金或举债，但通常 CEO 的欲望超过现金与融资额度所能负担（我个人也是如此）的程度。”

“公司在股票市场上的价格通常低于其内在价值。但是，当股东将整家公司以协议方式出售时，必定想要且通常会取得相当于企业内在价值的回报。若以现金交易，那么计算卖方取得的报酬很容易；如果以股票交换作为支付手段，计算卖方取得的报酬还算简单，只要计算所取得的股票的市值即可。同时，只要买方用以交换的股票，其市价接近企业的内在价值，便无太大问题。但是，如果其股票市价仅有企业在内价值的一半，则买方就是在贱卖自家的股票……亲切的投资银行家会再三保证其行动的合理性（不要问理发师你是否应该理发）。”

解读： 换股交易并购时，不但要考虑对方股价是否低估，还得考虑自己公司的股价是否也低估了。这就好像你拿一样东西去跟别人交换另一样商品，两样商品的价值都需要做出评估，才能达成交易。这么简单的道理，上市公司的CEO们之所以常常忘记，是因为他们对于扩张公司规模的热衷程度远远超过了为股东创造价值的动力。至于投资银行家的意见，只不过是为CEO们煽风点火而已。

9. “（关于购并）我们对具备以下条件的公司有兴趣：(1) 巨额交易（每年税后盈余至少有五百万美元）；(2) 持续稳定获利（我们对有远景或具转机的公司没兴趣）；(3) 高股东报酬率（并很少举债）；(4) 德才兼备的管理层（我们无法提供）；(5) 简单的企业（我们不懂高科技）；(6) 合理的价格（在价格不确定前，我们不希望浪费时间）。”

“我们不会进行敌意购并，并承诺完全保密并尽快答复是否感兴趣（通常不超过五分钟），我们倾向现金交易，但若符合先前所说的前提条件，也会考虑通过发行新股并购。”

解读： 这是巴菲特首次在致股东的信中为购买公司的股权而“打广告”。持续稳定获利、很少举债、业务简单等都是这份广告的关键词。只要符合条件，巴菲特五分钟就能给出是否并购的回复。可见，判断一家公司的价值，并不需要旷日持久的调查与深奥的数学计算。

10. “伯克希尔精简的组织结构使我们有更多的时间管理旗下的

公司而非互相管理。不管与蓝筹印花公司的合并成功与否，我的合伙人查理·芒格将继续留在洛杉矶，查理跟我在企业决策上是可以互相替代的。而距离一点也不会阻碍我们。我们常常发现一次电话会比半天冗长的会议更有效率。”

解读：伯克希尔总部总计有十几名员工，其组织结构之精简无人能及。巴菲特和他的搭档查理·芒格，一个在奥马哈，一个在洛杉矶。距离从未曾影响他们所做出的投资决策。

账面价值与内在价值：1983 年致股东的信

注重公司内在价值，也从另外一个侧面印证了巴菲特对股东价值的重视，所有投资的最终归结点都是为股东创造实实在在的经济利益。这一年，巴菲特在信中首次强调了企业商誉的重要性。

1. “当我们在评断一家公司的价值时，我常常会问自己一个问题：假设我有足够的资金与人才时，我愿不愿意和这家公司竞争。我宁愿和大灰熊摔跤，也不愿和 B 夫人的家族竞争。他们采购有一套，经营费用低到其竞争对手想不到的程度，然后再将所省下的每一分钱回馈给客人。这是一家理想中的企业。它建立在为客户创造价值并转化为对股东的经济利益的基础上。”

解读：如果你不敢和一家公司竞争，那么最好把剩余的资金以合理的价格投资于它。B 夫人的家具店成本之低，令竞争对手生畏，从而以低价取得竞争优势。此处，巴菲特强调了“为客户创造价值并转化为对股东的经济利益”。

2. “过去 19 年，伯克希尔的账面价值由 19 美元增加到 975 美元，约以每年 22.6% 的复合增长率成长。我们之所以选择账面价值（虽然不是所有情况皆如此），是因为它是衡量企业内在价值成长（这是真正重要的）的一种保守但合理的替代方式。它的好处是容易计算，而企业内在价值需要以管理层的主观意愿来衡量。我们仍需强调这两者事实上具有截然不同的意义。”

“账面价值是会计名词，是记录资本与累积盈余的财务投入。内在价值则是经济名词，是估计未来净现金流入的折现值。账面价值能够告诉你已经投入的，内在价值则是预计你能从中所得到的。假设你花相同的钱供养两个小孩读到大学，两个小孩的账面价值就是所花的学费——都是一样的。但未来所获得的回报（内在价值）却可能大不一样。可能的范围包括从零到所付出费用的好几倍。所以**相同账面价值的公司，可能有截然不同的内在价值**。”

解读：账面价值是会计上用来衡量公司历史投资成本的，是静态的概念。内在价值则是公司未来经营期间内所有自由现金流折现的估计值，是动态的概念。对于股东而言，公司的内在价值才是关键，账面价值并不重要。然而，巴菲特之所以用账面价值做会计报告，是因为：第一，内在价值涉及主观意愿评估，很难有准确一致的结论。第二，对于伯克希尔来说，长期看，它的账面价值能够与内在价值同步增长。

3. “如今我们的内在价值早已大幅超越账面价值，主要原因有：(1) 虽然标准会计准则要求保险子公司所持有的股票以市价记录在账面上，但我们的其他公司却以成本与市价孰低法计算。到 1983 年底，后者的市价超过账面价值税前有 7000 万美元，税后有 5000 万美元，超过的部分属于伯克希尔内在价值的一部分，但却不包含在账面价值之内。(2) 更重要的是，我们所拥有的几家企业拥有庞大的经济商誉（而事实上这是包含在内在价值之内的），且远大于记录在账面上的商誉。”

解读：通过多年持股，伯克希尔持股非保险子公司的市值已经大幅超越其投资成本，且部分公司拥有的商誉价值不可估量。因此，可以判断，伯克希尔的内在价值高于账面价值。

4. “商誉，不管是经济上还是会计上，都是一项神秘的课题。……我现在的观点与35年前在课堂上所学的大不相同。当时老师教导我们要重视实质的资产并规避那些主要依靠经济商誉的公司。但现在我已经转向相反的方向。”

“凯恩斯说过：困难的地方不在于接受新观念，而是如何摆脱旧有的观念。……**从商的经历，直接或间接让我对拥有商誉而仅须运用少量实质资产的公司大有好感**。……查理跟我一致认为伯克希尔拥有比账面价值更高的经济商誉。”

解读：巴菲特首次在致股东的信件中指出，他现在的投资理念已经跟当年在哥伦比亚大学跟老师格雷厄姆求学时大不相同。多年的商业经历令他明白，具备强大经济商誉的公司（主要是品牌等无形资产）比那些便宜的“烟蒂股”强多了。因此，巴菲特已经越来越不认同单纯地依靠分析财务数据做投资了。注意：这里所指的商誉跟合并会计报表中的商誉并不是一个概念。

5. “水牛城新闻报拥有一项‘利器’——大众对其的接受程度，即渗透率（指每天每个当地家庭购买该报纸的比率）。……对广告主而言，若一家报纸能在某一地区拥有极高的渗透率，便能发挥极高的经济效益。相反，若渗透率很低则无法吸引太多的广告主。”

解读：渗透率越高的报纸，其到达当地终端客户的有效性就越强，其在当地报纸业的垄断性也越强。对于地方性报纸来说，最终很可能是赢家通吃。

6. “我们认为有三个原因令水牛城日报广受欢迎，其中第（2）（3）也解释了为何水牛城日报会比同时发行的Couier－Express更受欢迎。（1）水牛城居民的流动率相对较低，稳定的居民会更关心当地的社区事务。也因此更关注地区性报纸。（2）该报长期由传奇人物Alfred Kirchhofer领导……（3）水牛城日报就如其名一般，刊载大量的新闻。……我们提供的新闻分量比其他同业还要多上25%。有些出版业者为了提高获利，大幅删减新闻版面，但我们却不愿如此做，并坚持至今。我们相信，只要好好撰写与编辑丰富的新闻内容，是对读者最大的服务。而读者对我们刊物的珍视也将转化成极高的渗透率。”

解读：这是巴菲特首次在年度信件中对报纸业进行分析。当地居民的低流动性、新闻报道的客观性、新闻版面的丰富性（内容占比高）三点共同决定了一份地方性报纸能否脱颖而出。

7. “尽管喜诗糖果的分店数有所增加（而销售费用也有同样增加），销售额也因我们大幅上调售价而增加许多。但我们认为，衡量一家店面经营绩效的标准在于每家分店卖出的糖果磅数而非销售额。”

解读：在高通胀之下，即便销售数量没有增长，销售额也可能大幅增长。只有销售数量的增长才是实质的增长。因此，对于贩卖日常消费品的连锁店来说，单店销量是一个关键的评估指标。

8. “有人常问，为什么伯克希尔不拆分股票。这个问题通常是建立在这个举动将会对股东有利的假设之上。不过我们并不认同这点，让我来告诉你为什么。”

“我们的目标是，伯克希尔的股价能与其本身拥有的内在价值正相关（请注意是合理的正相关而非完全一致，因为如果其他绩优公司的股价均远低于其真正价值的话，伯克希尔也很难例外）。一个公司要维持合理的股价，跟其背后的股东有很大关系。若公司的股东与潜在的买家主要都是基于非理性或情绪性而投资该公司，则公司股票便会不时出现很离谱的价格。”

“我们希望能够吸引认同我们经营理念的股东（一样重要的是说服那些不认同的人远离我们）。**我们希望那些倾向长期投资且把公司当成是自己的事业的股东加入我们。大家重视的是公司的经营成果而非短期的股价波动**。”

“如果我们分割公司的股票，同时采用一些注重公司股价而非企业价值的动作，那么吸引的新股东的素质可能比离开的差得多。……所以，我们尽量避免那些会招来短期投机客的举动，而采取那些会吸引长线价值型投资者的政策。”

解读：巴菲特希望伯克希尔的股东都是认同公司经营理念，愿意把伯克希尔视同为自己的事业。而送股与转增股本只会吸引短线投机客炒作股票，不仅不会提升公司的价值，还会诱发“劣币驱逐良币”问题——短线客增加，长期投资者离开。

9. “股票市场过于重视波动性，经纪商称之为流动性与变现性。券商对那些高周转率的公司大加赞扬（那些无法让你口袋满满的人，一定会让你的耳朵不得闲）。但投资人必须知道，凡事对庄家有利的，一定对赌客不利。过热的股市跟赌场没有两样。”

解读：股票的高换手率只会增加投资者的“摩擦成本”，并使公司股价与内在价值背离。对整个经济而言，毫无益处。当然，作为保守型的价值投资者，应该感谢那些快进快出的、为市场提供流动性的投机者们。

回购股票：1984年致股东的信

巴菲特在信中指出了公司回购股票的重要性。不同于A股投资者对公司回购股票一边倒的利好看法，巴菲特对回购股票，仍是非常客观地从股东价值出发——这一举动是否有利于股东价值的提升。

对于会计准则，巴菲特指出会计估计对投资可能造成的伤害，很多时候，会计估计成为管理层调节利润的手段，这一点，中美是何其相似。

1. “当一家经营绩效良好且财务基础健全的公司，发现**自家的股价远低于其内在价值时，回购股票是保障股东利益最好的方法**。必须说明的是，我是指那些基于市盈率角度的买回，并不包括那种不道德的绿票讹诈（green - mail）。在这类交易中，甲乙双方通常为了自身私利而剥削不知情的丙方。甲方是指职业投机者。他们在刚刚买下股票后，便对公司管理层发出要钱或是要命的勒索。乙方是指想要息事宁人的公司管理层。他们愿意用高价买回甲方收购的股票，只是这笔钱是由公司出而非管理层。丙方，也就是上市公司的其他股东，就这样被剥削了——别人花钱他来埋单。”

解读：公司回购股票大体有两种情况：一种是公司股价被严重低估，此时如果公司现金充裕，便应该大量回购，从而提升股东价值；另一种则是被恶意收购者“敲诈”。当恶意收购者拿着手中的股票威胁要更换管理层时，公司的管理层很可能被迫以高价回购这些人手中的股票。这种行为显然会损害股东价值。

2. “去年，我们持仓较重的几家公司，当其价格远低于价值时，都在努力买回自家股票，这对于股东而言，有两点好处。第一点很明显，是一个简单的数学问题：通过买回公司的股票，相当于用 1 美元的代价获取 2 美元的价值。每股的内在价值也因此大大提高，这比花大钱去购并别人的公司要好得多。第二点不太明显，且很少有人意识到，实际上也很难去衡量。但时间越长其效果越明显——管理层可通过买回自家股票的行为，向外界展示其重视股东利益，而非仅仅扩张个人经营事业的版图。因为后者往往不但对股东没有帮助，反而可能损害股东的利益。如此一来，原有的股东与潜在的投资人将会对公司的前景更具信心，而公司股价也会更接近其真实价值。”

解读：是否回购已经被低估的自家股票，是观察公司管理层是否真正维护股东利益的最佳窗口。对于那些口是心非的管理层，我们应该坚决抵制。回购股票除了以上两个好处，还可以为股东节约现金分红的股利所得税。

3. “最近十年来，实在很难找得到能够在‘质’与‘量’（价格与价值的差距）两个方面同时符合标准的投资标的。但我们宁缺毋滥。”

解读：这种持续十年没有“出手”的痛苦，只有长期浸淫于此的人才能体会得到。在资本市场，长期不出手比经常出手要难得多。

4. “在商业社会中，一家强势报纸的优势是极为明显的。老板通常相信唯有努力推出最好的产品才能维持高获利，但是，这种令人信服的理论却让无法令人信服的事实打破，当一流的报纸维持高获利时，三流报纸所赚的钱却一点也不逊色，有时甚至更多——只要你的报纸在当地够强势。当然，产品的品质对于一家报纸提高市场占有率是极为关键的。我们相信在水牛城也是如此。"

"一旦主宰了当地市场，报纸本身而非市场将会决定这份报纸是好还是坏。不过，不论好坏，这份报纸终将获得厚利，而其他行业却不是这样。在其他行业，品质不良的产品，它的生意一定不好。但即使是一份内容贫乏的报纸，对一般民众来说仍具有公告栏的价值。"

解读：这里的"三流报纸"是相对于那些全国性的知名大报而言。如果这份三流报纸能够垄断当地市场，即便它提供的新闻乏善可陈，依然可以获得源源不断的广告费。因为当地人缺乏了解信息的其他渠道。这也是巴菲特不断收购地方报纸的原因。

5. "无疑，我们是全美财产保险行业营运最佳、资金最雄厚的保险公司（甚至比一些大规模的知名公司还要好）。同样重要的是，公司的策略是维持此优势。保单购买者用钱所换到的只是一纸承诺，而这纸承诺必须要经得起所有的逆境而非顺境的考验。最起码，它必须能够经得起股市低迷与特别不利的承保状况等双重考验。"

解读：保险公司本质上贩卖的是一种承诺。因此，承诺的背后需要强大的资本与信用做背书。

6. "去年我们持有的 GEICO 的股份在伯克希尔公司列示的账面价值没什么变动。不过该公司的内在价值却大幅增加。由于 GEICO 占伯克希尔 27% 的净值，当其市场价值停滞不前时，便直接影响伯克希尔净值的增长。对于这样的结果，我们觉得没什么不好的。我们宁愿要 GEICO 的企业价值增加 X 倍而股价下跌，也不要公司内在价值减半而股价高涨。对于GEICO这个案子，甚至于我们所有的投资而言，**我们看的是公司本质的表现，而非其股价的表现**。如果我们对公司的看法正确，市场终将还它一个公道。”

解读：股票市场短期看是投票器，长期看却是体重机，它称量的是公司的价值。

7. “……财产保险公司所提供的年度财务报告，也称得上是该公司财务与经营状况的第一手草稿。”

“主要的问题出在成本上。保险业最主要的成本是保户的理赔，而对于当年到底会发生多少损失，实在是难以估计。有时损失的实际发生与其程度要在几十年之后才会清楚。一般来说，财产保险公司当年确认的损失主要包含以下几项：(1) 当年发生且支付的损失。(2) 对于已发生且报告但仍未解决的案件的估计损失。(3) 对于已发生但尚未报告，亦即保险公司尚不知情的案件所做的估计损失。(4) 对于以前年度前述 (2) (3) 两项的估计所做的调整。”

“虽然上述的调整时间可能会拉得很长，但不管怎样，先前在X年所估计的数字与实际的差异，在以后的年度，不论是X+1或X+10年，一定要修正回来。而这无可避免地，也将误导以后年度的利润数字。例如，假设我们的一位保户在1979年受伤，而当时估计的理赔金额为1万美元，在当年度我们便会在账上计提1万美元的损失与准备。若到了1984年，双方以10万美元和解，那么我们必须要在1984年另行确认9万美元的损失。”

解读：不论财产保险还是寿险公司，在会计记账时，特别是在有关成本的确认时，都有大量的会计估计需要计提。这些会计估计很多时候难免出现偏差。因此，保险公司的会计报表更像是一份有关财务数据的“草稿”。投资者在分析保险公司的报表时，对于公司的会计估计是否充分要格外注意。某种程度上，这些会计估计也成为了管理层调节利润的工具。即便是巴菲特自己管理的保险公司，同样在估计潜在损失方面犯了很多错误。可见，保险公司的会计估计有多不易。

8. “财产保险中，不是所有的准备金计提都是无心之过。随着承保绩效持续恶化，加上管理层在损失准备计提乃至财务报表的披露上有很大的裁量权，所以人性黑暗的一面便彰显出来。……有些公司被迫往特别乐观的方向去看待那些还未支付的潜在赔偿款；有些公司则从事一些可以将损失暂时隐藏起来的交易行为。当然，这些行为可以撑过一阵子，外部独立审计师也很难有效地对这类行为加以规范制止。”

解读：管理层对于会计估计的自由裁量权使得保险公司的财务报表可以被人为操纵。其实对于所有的金融公司而言，都存在这样的情况。因此，对于金融企业的财报，投资者一定要格外关注其各种各样的会计估计科目。

9. “当一家保险公司实际上的负债大于资产时，通常必须由公司宣告自己死亡。在这种强调自我诚信的制度下，‘尸体’通常会一再给自己翻案复活的机会。大部分公司倒闭的原因是现金周转不灵。但保险公司却不是，它破产时可能还脑满肠肥，因为保费是提前收到的，但理赔款却是在损失发生之后许久才需支付。所以一家保险公司可能要在耗尽净资产之后许久才会真正耗用完资金。而事实上这些所谓的‘活死人’，通常更是铆尽全力以任何价格承担任何风险来吸收保单，以使得现金持续流入。”

解读：这种“活死人”公司不但害己，还因为临死前的恶性竞争而损害到其他保险公司的利益。从另一个角度看，也说明保险业存在一定的“退出壁垒”。

10. “查理与我评估华盛顿公用电力系统债券（WPPSS）后，一致认为，我们未来预期的报酬足以弥补所要承担的风险……我们可以比较一下在WPPSS上所投资的1亿4000万期末投资成本与同样金额的股权投资。前者可产生2300万的税后利润（通过支付利息），且都是现金。要知道，只有少数企业每年可赚得16.3%的税后资本报酬率。就算有，其股票价格也高得吓人。”

解读：巴菲特买入该债券，相当于以一倍市净率买入一家净资产收益率为16.3%的公司的股票。且这家公司每年的利润全部分红后还能维持当前的净资产收益率水平。然而，当时的美国市场，类似公司起码要10~13倍的市盈率，也就是大约1.8~2.1倍的市净率。所以，买入该债券的风险回报比更佳。我们还应注意到，巴菲特在投资时，会不断进行全方位全投资品种的比较。在投资上，没有完全绝对的“绝对估值”这回事。

11. “当然，（债券投资）获利具有上限也是一大缺点。但各位必须了解，大部分股权投资，除非持续投入大量的资金，否则，获利上限的空间极为有限。这是因为大部分的企业无法有效地提高其股东权益报酬率，即便是在原来通常认定的可自动提高权益报酬率的高通胀环境里也是如此。”

解读：对于长期股权投资，如果公司无法持续地提高净资产收益率，那么投资者的长期盈利空间也就被局限在了当前的净资产收益率上。

12. “我们投资债券就好像把它当成一种特殊的企业投资，它具备有利的特点，也有不利的特点。”

解读：债券投资从本质上来说跟股票投资无异。它的不利方面就是投资收益率有封顶的上限。同时，高收益率的债券往往公司素质都比较差，存在各种各样的问题，因此投资风险也需要反复评估。

13. “……（经理人）他们个人的得失利弊太明确了：若一个很棒的点子真的成功，上头可能拍拍他的肩膀以示鼓励。但万一失败了，却可能要卷铺盖走人……但在伯克希尔却不同，我们拥有47%的股权，查理跟我不怕被炒鱿鱼。我们是以老板而非打工仔的身份领取报酬，所以我们把伯克希尔的钱当作自己的钱看待。这使我们常常在投资行为与管理风格上与众不同。”

解读：巴菲特一针见血地指出了职业经理人们决策时的动机与利弊分析。管理层们在决策时，首先要考虑的是失去工作的风险，其次才是五花八门的商业风险。除非管理层本身就是企业的头号大股东。

14. “……当通胀水平维持在5%～10%时，投资股票或债券并无太多分别。但在高通胀时代，就完全不同——投资股票组合在实质上将会蒙受重大损失，但已流通在外的债券却可能更惨。……所以我们对于债券投资特别谨慎，只有当某项债券比起其他投资机会明显有利时才会考虑，而事实上这种情况少之又少。”

解读：通胀温和时，投资债券与股票在本质上是一样的。不过当通胀飙升时，投资债券的风险就大于股票了。因为恶性通胀爆发时，公司可以因为成本大幅提高的原因提高产品价格，即便产品价格的提升幅度有限。然而债券投资者却只能眼眼巴巴地看着债券价格下跌。

15. “……并非所有的盈余都会产生同样的成果。在许多企业，尤其是那些资本密集（资产/获利比例高）的公司，通胀往往使账面盈余变成人为的假象。这种受限制的盈余往往无法被当作真正的股利发放，而必须加以留存再投资以维持原有的经济状况。如果勉强发放，将会使公司在以下几个方面失去竞争力：(1) 维持原有销售数量的能力。(2) 维持其长期竞争优势的能力。(3) 维持其原有的财务实力。”

解读：很多公司根本就不具备分配利润的能力。如果这种公司继续“竭泽而渔”，最终只会落个“精疲力尽”的下场。

16. “……（经理人）他们很少会站在股东的立场为大家着想。这种类似精神分裂症的经理人，一方面要求每年只能产生5%报酬率的子公司甲将资金分配回母公司，然后转投资到每年可产生15%报酬率的子公司乙。这时他从不会忘记以前在商学院所学到的知识。但若母公司本身预期的报酬率只有5%（市场上的平均报酬率是10%），他顶多只会依循公司从前或同业平均的现金股利发放率来做。当他要求旗下子公司撰写报告对其保留盈余的比例进行解释时，却从来不会想到要对他公司背后的股东做任何说明。”

解读：公司经理人的这种选择性“精神分裂”，更多的是出于个人利益而非股东利益的考虑。

可怕的同质化竞争：1985年致股东的信

这一年，巴菲特终于彻底结束了与纺织业的纠缠，完成公司清算后，他对同质化竞争的恶果以及账面价值与真实价值的差距感悟颇深，这些经历，对他之后的投资可谓影响深远。

同样从股东利益出发，巴菲特在信中一针见血地指出，大多数的股票期权激励方案是在摧毁股东价值。对于薪酬制度中的这一设计，用“深恶痛绝”来形容巴菲特的态度一点也不过分，因为我们可以在多年的致股东信中看到巴菲特对它的嘲讽。

1. “……更显而易见的负面因素是我们的规模。目前我们在股票上投入的资金是十年前的20倍，而市场的铁律是：**成长终将拖累竞争优势**。看看那些高投资报酬率的公司，一旦他们的资本额超过10亿美元，没有一家能在之后的十年可以靠再投资维持20%以上的投资报酬率。这些公司只能依赖大量分红或买回自家股票来维持盈利能力。虽然前者能为股东创造更大的价值，但公司就是无法找到理想的新投资机会。”

解读：当一家公司达到一定规模后，在维持高净资产收益率的基础上，继续扩张市场的难度在加大。如果一家公司负债较少，且竞争优势不明显，那么其净资产收益率就很难长期维持在20%以上。

2. “那些被机构投资者重仓持有的热门股票，价格通常都不合理。我的老师格雷厄姆四十年前曾讲过一个故事，说明为何专业的投资人士会如此：一个老石油开发商得到主的召唤，在天堂的门口遇到了圣彼得。圣彼得告诉他有一个好消息和一个坏消息。好消息是他有资格进入天堂，但坏消息是天堂里已没有多余的位置了。老石油开发商想了一下，跟圣彼得说，只要让他跟天堂里的住户讲一句话就行。圣彼得答应了。只见老石油开发商对内大喊：‘地狱里发现石油了。’不一会儿，天堂的门打开，所有的石油开发商争先恐后地往地狱奔去。圣彼得大吃一惊地对老开发商说：‘厉害，现在你可以进去了。’但是，老开发商顿了一下后说：‘不！我还是跟他们一起去比较妥当，传言有可能是真的。’”

解读：即便是在美国股市，机构投资者们也大都是“趋势投资者”。股价趋势、传言、新消息等主宰了他们的投资行为。“随大流”是对这些人的投资行为的最好诠释。

3. “长年以来，（在纺织业上）我们不断地面临是否要投入大量的资本支出以降低生产的变动成本的决策。每次提出的计划方案看起来都是稳赚不赔。以标准的投资报酬率来看，甚至比我们高获利的糖果与新闻事业部还要好很多。但这预期的收益最终都证明只是一种幻象。因为我们众多的竞争对手，国内和国外的，全都勇于投入相同的资本支出，使得降低的成本全部反映在被迫消减的产品售价之上。从个别公司看来，每家公司的资本支出计划都很合理。但整体来看，其预期的经济效益完全被抵销，从而令计划变得很不合理。……每多投入一回合的资本，全部竞争者投注的金额就越高，但投资报酬却一点也不见起色……以上说明了花费大量人力、物力在错误的产业身上可能导致的后果。”

解读：对于一个同质化竞争、缺乏竞争力的公司而言，不论如何通过资本支出升级换代设备，最终的结果都跟之前一样。因为别的对手也会这么做。正所谓：魔高一尺，道高一丈。

4. “从我个人的观察与经验可以得出一个结论，那就是取得一项优异的记录（从投资报酬率的角度来衡量）的关键是：你划的是一条怎样的船，而不是你怎样去划船（虽然不论公司的优劣，努力与才能也很重要）。几年前我曾说，当一个著名的管理专家遇到一家不具前景的公司时，通常会是后者占上风。如今我的看法一点也不变：当你遇到一艘总是会漏水的破船时，与其不断花费力气去补破洞，还不如把精力放在如何换条好船之上。”

解读：男怕入错行，女怕嫁错郎。在一个错误的行业内，即便从业者很出色，也很难有所作为。

5. “有关我们在纺织业投资的‘辉煌历史’还有一段后话，有些投资人在买卖股票时把账面价值看得很重（就像早期我的作风一样），也有些经济学者相信重置成本在计算一家公司的股价时极为重要。关于这两种说法，在拍卖过纺织业的机器设备后，让我好好地上了一课。所有设备都是在用品。全部设备的原始成本为1300万美元（包括近几年投入的200万元），经过加速折旧后，账面价值86万美元。……所有的机器只卖了16万美元，扣掉出售机器时所支出的成本，最后一毛钱也不剩。我们在几年前买的5000元一只的纺纱，开价50元，还是没人要，最后以26元卖掉，连支付搬运者的工资都不够。”

解读：巴菲特卖掉纺织设备的钱甚至不足以支付搬运费。这让我们见识了处在没落产业中的公司，其账面价值与真实价值是可以相差十万八千里的。巴菲特这次可是“一朝被蛇咬，十年怕井绳了”。

6.“……例如公司赠予高管的十年期限固定购股价格的认股期权。实际上，公司只要将每年的盈利不断留存滚动，就可以增加每年的利润。例如：假设你在银行有年利率8%的定存十万元，交由一位信托人士来保管，由他来决定你每年实际要领多少利息。未领出的利息则继续存在银行利滚利。再假设我们伟大的信托人将实领利息的比例定为四分之一，最后让我们来看看十年之后你会得到什么。十年后你的账户上会有179084元。此外，在信托人的精心安排下，你每年所赚的利息会从8000增加到13515，实领的利息也从2000增加到3378，而最重要的是，收到年度报告时，你会发现，图表中每一项数字都是一飞冲天。”

“再进一步假设，你与信托人签订的信托合约中有一项给予信托人十年固定价格的认股权的约定。你会发现，信托人会从你的口袋中大捞一笔，并且，如果每年提取利息的比例越低，你最终付出的就会越多。在现实社会中，这样的情况比比皆是，这些公司主管，**只因公司盈余累积，而非妥善运营公司资金，便可大捞一笔**。”

解读：这种发源于美国，并在全世界流行的股票期权激励模式，实际上是对公司股东财富的一种掠夺。在长达十年的时间里，认股价格固定不变，分红配股时认股价格还要跟着一起下调。只要公司每年尽可能多地将利润留存再投资，那么公司利润长期看就可以不断增长，进而促进股价的上升。即便到头来由于某些原因股价没怎么涨，公司高管们也没什么损失，甚至可以重新制定一次新的股票期权激励方案。总之，高管们最后一定赚得盆满钵溢，即便他们的付出与收获完全不成比例。但巴菲特并不是完全否认这一制度设计，他强调的是，这一制度被滥用。他认为，这一制度，应用于把持公司全局的高管，并且赋予高管的股票期权的认股价格，要与公司真实的价值相符。这是维护一家公司公平与效率的关键。

7. “几十年来，行业协会的垄断使保单价格居高不下。但这种情况如今已不复见到，在自由竞争的市场中，保单与其他商品一样可以自由定价。当供给吃紧，价格自然上升；反之就不会。”

解读：美国保险业的竞争随着行业垄断的打破，日子越来越不好过。

8. “已有连续好几年，一些反应较慢的再保险公司，由于无法对保费做合理的分配，甚至是估计，以至于公司利益受损。最终，再保险公司们的行为有点像马克·吐温笔下的猫一样，‘一旦被热炉子烫过一次，便不会再去碰任何炉子，即使是冷的炉子也一样’。再保险公司在长期意外险方面有太多不愉快的经历，以至于到最后不管投保价格如何诱人，还是放弃了（有可能是正确地）该项业务。结果使某些保险业务的供给量严重短缺。我们从来不玩这种游戏。我们拥有同业比不上的承保实力，只要认为价格合理，我们愿意签下其他大型保险公司吃不下的保单。”

解读：绝大多数的保险公司每年都有业绩考核。如果连续几年由于保单定价过低或灾难频频，那么公司主管可能就要面临下岗的威胁。因此，在这种情况下，保险公司对于签订意外险就变得畏首畏尾。实质上，这是短视的必然结果。而巴菲特的公司，经营决策从来都是从长远出发，不在乎个别年份公司业绩的大幅波动。这就为伯克希尔公司树立了竞争优势。

9. “我们之前曾提到，过去十年的投资环境，已由完全不看重大企业的情况转变成适当认同，华盛顿邮报就是一个最好的例子……我们从格雷厄姆那里学到成功投资的关键，是在好公司的股价被严重低估时买入。在1970年代早期，大部分机构投资人却认为企业价值与他们决定买进卖出的交易价格并无太大关联。现在看来当然令人难以置信。他们受到知名商学院所提出的新理论的蛊惑，‘股票市场是完全有效的，因此计算企业的价值对于投资活动一点也不重要’。”

解读：从20世纪70年代初美股暴跌以后，“漂亮50”的神话破灭。蓝筹公司的估值持续低迷，直到80年代中期才有所恢复。可见，美国市场一样存在投机炒作，题材轮动，而且这种“轮动”的时间周期可能长达十年以上。

有效市场假说自身就隐含着矛盾的基因。大量的例证也证实了市场是不完全有效的。不过，市场不完全有效，绝不等于市场不够“聪明”。

股灾前夕：1986年致股东的信

1986年，里根政府的减税等一系列政策提振市场，美股空前繁荣，人们沉浸在“里根经济学”带领美国走出滞胀的欢快情绪中。但是这一系列的扩张政策也使得美国财政赤字和政府债务在短期内急剧扩张。与市场的一片赞美与沸腾不同，巴菲特冷静地指出，降低企业所得税并不一定能够提升股东价值，同时也表达了自己对市场的担忧。

1.“1986年，本公司内在价值增加的幅度应该是超过了账面价值增加的幅度。我说‘应该是’，是因为公司内在价值的判断有一定弹性，如以我们公司为例，两个完全了解本公司的人（我和查理）所估算出的公司内在价值可以相差10%以上。”

解读：即便是巴菲特与芒格这样的投资领域的“骨灰级玩家”，估算自己经营管理的公司的内在价值，也会出现超过10%差距的情况，可见，公司的“内在价值”只能大概模糊地估计一个范围，而无法十分精确。

2.“企业有这样的规定：一个主管只能管辖有限数量的员工。这种规定对我们来说一点意义都没有。当帮你经营事业的是一群正直又能干的人，同时他们又对这项事业深具感情时，你完全可以同时管理一打以上这样的人，而且还可以时不时打个盹。相反，若你手下的经理们存心要欺骗你，或是能力低下，又或者缺乏热情时，只要有一个这样的人就够你操心的了。因此，只要找对人，查理与我甚至可以同时管理比现在多一倍的经理们。”

解读：巴菲特这里说的经理，是指他们所收购的公司的一把手。由于这些人都经营自己的生意多年，即便将企业卖给巴菲特后，依然继续留任，所以他们就像呵护自己的孩子一样看护着公司。找对经理人比训练经理人要省事得多。

3. “斯科特－费策尔公司正是那种我们想要买的公司。……事实上，我与查理甚至根本从未去过斯科特－费策尔公司位于辛辛那提的企业总部。所以，如果伯克希尔公司的成功是建立在不断视察工厂的话，我们可能早就要面临一大堆难题了。”

解读：只要目标公司符合巴菲特的并购标准，连公司总部与工厂都不用去，便可以“许下终生”，签订购买大笔股权的合约。

4. “事实上，我们从来就不知道股市接下来到底是会涨还是会跌。但是，我们可以确定的是，贪婪与恐惧这两种传染病在股市里会不断重复发生。只是发生的时点很难准确预期。市场波动的幅度同样是无法预知的。所以我们要做的事很简单：**别人贪婪我恐惧，别人恐惧我贪婪**。”

“当我在写这段话时，整个华尔街几乎嗅不到一丝恐惧。反而到处充满了欢乐的气氛……我必须强调：很不幸的是，股票的表现不可能永远超过公司本身的盈利表现。……以美国企业来说，平均股东权益报酬率为12%，这表示投资人平均所能获得的报酬将低于此数。牛市可以暂时模糊数学计算，但却无法推翻它。”

解读：巴菲特无法确定股市的涨跌，但可以确定贪婪与恐惧会在股市交替上演。这几乎是股市投资的铁律！因此，当市场过度悲观时，投资者要尽量乐观。而当市场过度乐观时，投资者要悲观谨慎。

巴菲特在1987年底美股崩盘之前，再次提醒，美国股市已经太乐观了。每一次牛市崩盘前，巴菲特似乎都能提前预知，仿佛是一只灵敏的股市“电子狗”一般。

5. “基金经理人们更是肾上腺素分泌过多，他们在股票交易时间大声叫嚣的行为，让我们这些不断念经的‘苦行僧’看起来显得安静许多。”

解读：基金经理们过高的交易频率，在牛市时显得更加突出。“机构投资人”实际上是一群“机构投机人”。中国的机构投资者们一样如此。可见天下乌鸦一般黑。

6. “（关于企业所得税税率降低）我们的结论是，一部分企业会将因减税所增加的收益全部或大部分留在企业与股东的手里。另一部分企业则不得不将减税的收益返还给消费者或客户。关键在于企业本身的竞争优势及企业的盈利能力是否受到政府管制等因素的影响。”

“例如，像电力公司这样的强势企业，其盈利能力受到管制。税率调降将直接反映在电力价格的下降而非电力公司的盈利数字之上。反之亦然，虽然电价上涨的速度较慢。价格竞争激烈的行业也会有同样的结果。这类企业通常竞争力薄弱，不得不通过自由竞争慢慢地将减税的收益体现在产品价格下降上。这种价格反应机制与前面所提的公用电力公司相似——税负减少对产品或服务价格的影响，远大于对盈利的影响。”

“另一方面，在强势且较不受政府管制的企业中，情况就完全相反了。企业与其背后的股东将会是最大的受益者。许多我们全部或部分持有的公司都属于这种类型。……不过大家不要高兴得太早，预计在 1988 年实施的减税方案对我们来说有点不切实际。因为可以预期这些减税方案将会造成未来美国政府的财政困难，进而对物价稳定有严重影响。所以可预期的在未来五年之内，高税率或是高通胀将会再现，且很有可能两者会同时发生。”

解读：对于具备核心竞争力的公司，由于行业内缺乏强大的竞争对手，在所得税税率降低后，公司产品的价格与经营成本可以维持不变，因此公司利润率（利润）会增加。而对于产品同质化竞争或公司的利润率受到政府管制的公用事业公司而言，所得税税率降低后，公司要么不得不降低产品价格（竞争激烈或政府管制等原因），要么不得不增加经营成本（促销费等），因此，公司的利润率（利润）不会因此增加。

巴菲特预计，由于美国政府财政已经处于赤字状态，因此，减税从长远看会导致通胀或重新高税负。这一看法可谓是高瞻远瞩。政府财政赤字必然导致政府以超发货币应对或重新采取高税负政策。

经历股灾：1987年致股东的信

1982—1987年，道琼斯指数上涨超过2倍，美股全面走牛。1987年10月19日成为一个历史性的转折点——上午9时30分，道琼斯指数突然下跌，恐慌情绪瞬间笼罩市场，人们开始抛售股票，最后指数暴跌508.32点，跌幅达22.62%，超过了1929年10月29日的暴跌纪录。就是在这种恐慌中，我们从巴菲特的字里行间读到的是一种淡定自如，他仍有条不紊，对市场、对企业、对投资，没有因为市场的躁动而有些许改变。这一年，巴菲特在信中指出了那些可以经久不衰、持续创造股东价值的公司特征。他，仍然致力于寻找优秀的企业。

1. “若把我们旗下的这七家公司视作一个公司，则税后净利约为1亿美元，净资产收益率高达57%，即使财务杠杆再高，你也很难在一般的公司看到这种高比例。根据《财富》杂志在1988年出版的《投资人手册》，在全美500家最大的制造业与500家最大的服务业中，只有6家公司过去10年的平均股东权益报酬率超过30%，最高的一家也不过只有40.2%。”

解读：巴菲特旗下的七家公司，除了自身竞争优势强大以外，账面上没有跟公司运营无关的闲置现金也是其净资产收益率高的原因。我们还应注意到，当公司规模很大以后，其净资产收益率几乎必然随之下降到30%以下（非高财务杠杆公司）。

2. “经验表明，能够创造利润新高的企业，其当前的商业模式通常与其五年前甚至十年前没有多大的差异。……讲得更深入一点，在一块动荡不安的土地上，不可能建造一座固若金汤的城堡，**那种稳定的特质，才是企业持续高获利的关键**。”

“1977—1986年，总计1000家企业中，只有25家能够同时连续十年平均净资产收益率达到20%且没有一年低于15%。而这些优质企业也是股票市场上的宠儿，这25家中有24家的股价表现超越了S&P 500指数。”

“这些财富之星可能让你大开眼界。首先，他们所运用的财务杠杆极其有限，一家真正好的公司是不需要借钱的。第二，除了有一家是所谓的高科技公司，少数几家属于制药业以外，大多数公司所处的产业相当平凡普通。大部分现在销售的产品或服务与十年前大致相同（虽然产品数量或价格比以前高很多）。这说明，充分利用公司的产业地位，或专注于单一产品品牌，通常是企业获取暴利的秘诀。”

解读：那些有着高回报率的公司，绝大多数都是产品或服务经久不衰，商业模式长期稳定的。那些由于种种原因而处于困境的公司，往往被迫求变。在这种情况下，公司能否维持高回报率就充满变数了。

3. “查理跟我基本上都不太相信诸如‘间接费用必须缩减，因为预计营业收入不如以往’之类的有关财务预算的种种说法。……我们完全不了解为何有些公司因为公司赚钱太多就雇佣一些没有用的人来消化预算，或因为获利不佳就砍掉一些关键的人员或事项。这种变来变去的方式，既不符合人性，也不符合商业原则。我们的原则是，做对伯克希尔公司的客户与员工有意义的事。”

解读：公司的财务预算往往促使公司管理层追求短期经营目标，进行盈余管理。巴菲特的经营目标是：**创造长期股东价值**。那些对短期盈余有帮助，但却损害长期股东价值的做法，巴菲特坚决不做。

4. “保险行业最近受到几项不利因素的影响，前景黯淡。这些因素包括：数以百计的竞争对手、进入门槛低、无法大幅差异化的产品特性。在这种同质化竞争的行业中，只有营运成本低的公司，或是一些产品定位于利基市场的公司，才可能获得盈利长期增长的机会。”

解读：竞争战略分为三种：第一种，差异化以突出产品特色。第二种，成本领先以便取得产品的价格优势。第三种，通过目标集聚于细分市场再寻求成本领先或差异化。在类似保险业这种同质化竞争的行业中，只有取得成本领先的优势，或者将产品定位于细分市场再寻求成本领先或差异化，才能够在激烈的竞争中取得优势地位。

5. “在伯克希尔，我们尽力避免自己成为同质化竞争的企业。首先，我们凭借自己强大的资金实力来凸显我们所提供的保险承诺与众不同。但这种效果实在是有限。其次，我们尽量不理会每一年度签订保单的数量。……当价格不理想时，我们就会暂时退出市场，少做一点生意。同行中再也没有任何一家保险公司有我们这样高的自制力。基本上，我们扮演的是市场供需调节的角色。”

解读：由于保险等金融行业的特点——即便保户所投保的公司最后濒临破产，保户的权益最后往往也能得到保障，虽然整个过程可能坎坷一些——因此通过资本实力建立的竞争优势并不明显。巴菲特在保险经营上主要采取“敌进我退，敌疲我打”的策略。但一般的保险公司为了追求规模增长与利润的平滑，往往无法模仿巴菲特的策略。伯克希尔公司的保险事业部由此建立了一定的竞争优势。

6.“大家应该对保险公司的利润数据时刻保持怀疑的态度（当然也包含我们公司本身，事实证明也的确如此）。过去十年来的记录显示，有许多声名显赫的保险公司报告给股东的亮丽利润数字，最终证明只不过是空欢喜一场。虽然多数情况下这种错误是无心的。”

“审计师出具的标准无保留意见的审计报告中的遣词用语在明年将有重大改变。新的用语有相当的改进，但还是很难充分说明财产意外保险公司在审计时所受到的约束。我们认为财产意外保险公司的标准无保留意见审计报告中应这样写：‘我们利用管理层提供的损失准备与损失费用调整后生成公司财务报表。但这些估计的数字事实上对公司利润与财务状况的影响极大。受限于判断损失准备计提金额是否适当，我们必须指出，我们无法对这些数字的正确性表达看法，等等。’我们并不是怪罪审计师没有办法准确评估损失准备（当然这会影响最后的盈余数字），我们无法原谅的是他们没有公开承认做不到这一点。”

解读：保险公司，特别是财产保险公司，由于存在大量的会计估计，因此其所披露的利润数字存在很大的不确定性。但审计师们提供的审计报告，却表明好像这些数据都是确定无疑似的，这是很滑稽的。中国的保险公司目前的审计报告，依然跟20世纪80年代的美国一样。从根本上讲，这种审计报告是对投资者的误导。

7.“格雷厄姆是我的老师，也是我的朋友。很久以前他讲过一段有关如何应对市场波动的故事。这是我认为对于成功投资最有帮助的一段话。他说投资人可以试着将股票市场的波动当作是一位‘市场先生’每天给你的报价。他就像是合伙企业中的一个合伙人。不论什么情况下，‘市场先生’每天都会报个要买下你手中股份的价格，或是将他自己手中的股份报个价卖给你。”

“即使是你们共同拥有的合伙企业经营稳定，‘市场先生’每天还是会不断报价。市场先生有一个毛病，那就是他的情绪很不稳定。当他高兴时，往往只看到合伙企业好的一面，所以为了避免手中的股份被你买走，他会提出一个很高的价格，甚至想要从你手中以高价买下你拥有的股份；但有时候，当他沮丧时，他看到的只是这家企业的一大堆问题，这时他会提出一个非常低的报价把股份卖给你，因为他很怕你会将手中的股份塞给他。市场先生还有一个很可爱的特点，那就是他不在乎受到冷落。若今天他提出的报价不被接受，隔天他还是会上门重新报价。是否交易完全由你做主。因此，在这种情况下，他的情绪越失控，你可能得到的好处也就越多。”

“**‘市场先生’是来给你服务的，千万不要受到他的诱惑反而被他所误导**。你要利用的是他满满的口袋，而不是草包般的脑袋。如果有一天他突然傻傻地出现在你面前，你可以选择视而不见或好好地加以利用。但是，要是你占不到他的便宜反而被他愚蠢的想法所迷惑，你的下场可能会很凄惨。实际上，若是你没有把握能够比‘市场先生’更准确地评估企业的价值，那最好不要跟他玩这样的游戏。就像是打牌一样，若是你没有办法在30分钟内看出谁是傻瓜，那么那个傻瓜很可能就是你！”

解读：“市场先生”的比喻是格雷厄姆在《聪明的投资人》一书中首次提出来的。巴菲特是在1949年，也就是大二时看到这本书。从此便逐步完善了自己的投资哲学。这个故事实在是太精彩了，我一个字都没法补充。

8. “追随着格雷厄姆的教诲，查理和我着眼的是投资组合本身的经营业绩，以此来判断投资是否成功，而不是他们每天或每年的股价变化。短期内市场或许会忽略一家经营成功的企业，但最终这些公司必将获得市场的肯定。就像格雷厄姆说的：'短期而言，股票市场是一个投票机，但长期来说，它却是一个体重机。'一家成功的公司是否很快就被市场发现并不是重点，重要的是这家公司的内在价值能够以稳定的速度增长。实际上，有时越晚被发现好处越多。因为我们就有更多的机会以便宜的价格买进它的股票。"

解读：对于一家公司的长期股东而言，公司内在价值的增长比股价的增长要重要得多。

9. "当然，有时市场也会高估一家企业的价值。在这种情况下，我们会考虑卖出股票。另外，有时虽然公司股价合理甚至略微低估，但若是我们发现了被更严重低估的投资标的，或我们更了解的公司时，也会考虑卖出股票。"

解读：股票被高估时卖出是无可厚非的。巴菲特从没说过永远不卖出股票（极个别公司除外）。当发现更了解或更低估的标的时，也可以卖出换股。这从根本上讲是一个有关机会成本的问题。

我们看到，即便是20世纪80年代后期的华尔街，股票对于大多数的投资者而言，也仅仅只是交易的筹码而已。依据公司价值买卖股票依然是一件很稀罕的事情。投机炒作绝不仅仅只是中国市场独有。

10. "我发现，媒体的规模与声誉跟报道的真实性一点相关性都没有。曾经有一家全美举足轻重的杂志，刊登了一项完全错误的谣言。另外一家报刊则将一桩短期的套利投资误当作是一项长期投资。"

解读：即使是著名媒体的新闻报道也不能全信。避开各种市场噪音，是投资者的一个重要任务。

套利交易：1988年致股东的信

大众提到巴菲特，比较熟知的是其价值投资与保险经营理念，其实套利交易也是巴菲特的一大强项，并且他在套利交易中成果颇多。这一年，巴菲特在信中给出了评估并购套利交易的要点。

1. “即使诚实且正直的管理层，有时也会超越公认会计准则，以使报表数字更合其心意。不管是让利润平滑一点，还是令某季的业绩特别突出，都是那些还算正直的管理层经常运用的做账技巧。除此以外，还有一些不法管理层，专门利用公认会计准则欺骗与贪污。他们很清楚，许多投资人与债权人把公认会计准则当作《圣经》朝拜，所以，运用丰富的想象力非常技巧性地让交易记录符合公认会计准则，但却与实际的经济实质背道而驰。”

解读：即便在美国，大多数公司的管理层也都在做盈余管理，甚至包括那些比较诚实、正直的管理层。至于那些本来就没安好心的管理层，利用会计准则的漏洞欺诈，就更不用说了。投资者们对于公司利润的过分关注是管理层进行盈余管理甚至会计欺诈的根本原因。因此，投资者应该全方位分析公司的经营，而不是仅仅关注会计利润。

2. “有时某些CEO实在是不胜任，但却总能稳坐宝座。……原因之一就是根本没有一套可以衡量其表现的标准存在。就算真的有，也很模糊，或是难以执行，即便错误与过失一再发生也是如此。有太多的公司是等老板射箭出去后，再到墙上把靶心画上去。”

“CEO的上司，也就是董事会，却很少检视其绩效，并为企业表现不佳负责。就算董事会选错了人，且这个错误还持续存在，又能怎样？即使因为管理不善导致公司被收购，通常这种交易也会确保被逐出的董事会成员有丰厚的补偿（通常公司越大，甜头越多）。”

“在开董事会时，董事们对CEO的批评就好像是在社交场合中打嗝一样不自然。”

解读：美国的大公司的股权往往非常分散，有时3%～5%的持股比例就可以成为第一大股东，“一股独大”的情况比较少。在这种情况下，董事会对CEO的监督与考核就变得相对松散。有一个笑话：董事会正在开会，前半程气氛和谐。中途CEO去了趟厕所，等他回来后，董事会已将辞退CEO的决议签署完了。

3. “去年我们提到了一个非常具有固定收益特色的投资：所罗门公司9%股息率的可转换优先股……我们与所罗门公司的CEO John Gutfreund之间的良好关系，随着几年来的合作日益增进。即便如此，我们依然无法判断投资银行业的前景，不论短期、中期或是长期，皆如此。这是一个难以预估未来获利程度的产业。但我们相信，我们所拥有的转换权利会在其有效期间内，产生相当大的利润。然而，这种优先股的价值主要还是来自于其固定收益，而不是股权特性之上。”

解读：投资银行（证券公司）的经纪业务、自营业务、资产管理业务、投行业务等主要业务都不同程度地受到股市行情的影响，因此，其年度盈利的波动较大。就算巴菲特贵为所罗门公司的董事长，也难以预计其盈利前景。这也是巴菲特通过高股息率的可转换优先股投资所罗门公司的重要原因。该优先股每年的股息率是固定的9%，且支付股息与破产清偿的顺序都在普通股之前。同时优先股本身还内嵌了一个以约定价格转成普通股的选择权。如果未来所罗门公司的普通股股价大涨，持股人可以选择转成普通股。反之，如果股价未涨甚至下跌，持股人可以只吃股息，直到最终被公司赎回该优先股权。

4. “一战之后，套利或者叫风险套利，已延伸到公开的企业并购、重组再造、破产清算等公司活动中。套利者期望不管股市如何变动，自己都能获利。其面临的主要风险是，已宣告的事件未如所预期的那样发生。”

解读：当一家公司宣布将“要约收购”另一家上市公司时，宣告后被并购公司的股价往往比要约收购价略低一点。这就是并购套利者的套利空间。相应的，套利者也要承担由于种种原因导致并购最终失败的风险。

5. “在评估套利事件时，你必须要回答四个问题：（1）已公布的事件发生的可能性有多大？（2）你投入资金的时间预计有多长？（3）有没有其他更好的情况会发生，比如并购价格提高？（4）因为反托拉斯法或收购方财务状况等意外发生，导致并购事件触礁的概率有多高？”

“伯克希尔公司的套利活动与其他套利客有些不同。首先相较于一般套利客一年交易好几十个案子，我们只参与其中的少数，通常是大型的并购交易案。有这么多‘火锅’同时在煮，他们必须花很多时间监控交易的进度与相关股票的股价变动。这并不是查理跟我想要过的生活方式（为了致富，整天盯着计算机屏幕有何意义?）。也因为我们只专注在少数几个案子，所以一个特别好或是特别差的案子，可能会大大影响我们一年的套利成绩。此外，我们只参与已经公开对外宣布的并购事件。”

解读：在并购套利中，评估该项并购被监管部门否定的概率有多大，是最重要的。其次，是评估由于收购方财务出现问题而导致并购交易失败。一般而言，通过买入一揽子并购交易的股票分散投资，可以控制套利风险。不过，巴菲特由于在并购套利上投入的资金占总资产的比重有限，且精力也有限，所以基本集中在了几个大型的并购事件里。

6. “就我个人过去在格雷厄姆－纽曼公司、巴菲特合伙人企业与伯克希尔公司连续63年的套利经验来看，充分说明了有效市场理论是多么愚蠢（当然还有其他证据）。在格雷厄姆－纽曼，我曾将该公司1926—1956年的套利交易做了一番研究：其投资收益率为平均每年20%。1956年开始，我在巴菲特合伙人企业与此后的伯克希尔公司，运用格雷厄姆的套利原则继续从事套利交易。虽然只是大概估算，1956—1988年的平均投资收益率也应该超过20%了（当然之后的投资环境比起格雷厄姆所在的时期要好得多。因为当时他遇到了1929—1932年的经济大萧条）。”

解读：巴菲特与他的导师格雷厄姆，在长达63年的时间里，仅仅通过套利交易就取得了年化超过20%的投资收益率。这期间既经历了1929—1933年的经济大萧条，也经历了1937—1945年的第二次世界大战，还经历了美国20世纪70年代末到80年代初期的高通胀。巴菲特用无可争辩的事实，再次说明有效市场理论不堪一击。

大公司的烦恼：1989年致股东的信

随着公司规模扩大以及所管理资产的增加，再想保持高增长将愈加困难，巴菲特在致股东信中不止一次提出这一问题。而随着资产规模的增加，投资的范围也略有放开。例如，投资可转换优先股。

1. “我们公司还面临另一项挑战：在资源有限的世界里，任何高成长的事物终将自我毁灭。若是基数相对较小，则这项定律有时会被暂时打破。但当基数膨胀到一定程度时，好戏就会结束，高成长终有一天会被自己的规模所束缚。”

解读：任何一种高速增长的事物，它本身最终将成为其继续高增长的最大障碍。因此，对于已经达到一定规模的公司而言，继续保持高增长几乎是一种奢望。

2. “递延所得税负债就好像是美国政府借给我们的无息贷款，且到期日由我们自己来决定。这种贷款还有一项很奇怪的特点，它只能被用来购买某些特定的股票，而且其额度会随着市场价格变动。有时也会因为税率变动而改变。事实上，这种递延所得税负债类似于资产转让时所要缴纳的资本利得税。”

“鉴于税法的规定，如果情况允许，我们偏爱长期投资。因为跟频繁短线进出相比，它有一个很重要的优势。下面举一个很极端的例子来说明。假设伯克希尔用1美元投资，但它每年却可以有一倍的回报。假设我们将卖掉后所得的资金，用同样的方式再重复19年。结果20年后，依照34%的税率，总共缴纳所得税13000美元，而我们自己可以拿到25250美元，看起来还不错。但是，如果只做一项长期投资，每年赚一倍，则最终的金额高达1048576美元，在扣除34%的所得税，即356500美元的所得税之后，实得约692000美元。之所以会有如此大的差异，唯一的原因就是所得税支付的时点不同。有趣的是，政府从后面那种情况所抽的税金比前者还高。当然政府必须等到最后才能拿到这笔税金。”

解读：递延所得税负债是指根据应税暂时性差异计算的未来期间应付所得税的金额。例如，公司所投资的股票处于“浮盈”状态时，将暂时不需要缴纳的所得税归集在该会计科目。由于处于“浮盈”状态的股票在没有卖出时，不缴纳所得税，因此在长期投资的过程中，实际上是在利用延迟缴纳的所得税金额进行再投资。所以在年投资收益率相同的情况下，长期累积下来，长期投资的税后回报率更高。

3. “必须强调的是，我们并不是因为这种简单的算术就倾向于采用长期投资。经常性的变动可能会使我们的税后报酬高一些，实际上在几年以前，查理跟我就是这样做的。但现在我们觉得一动不如一静，虽然投资回报率可能会相对少一点。其中的理由很简单，我们已经找到相当难得的商业合作关系，并珍惜我们彼此之间的情感。做这种决定对我们来说一点都不困难，因为我们相信这样的关系一定会让我们有一个满意的投资成果，虽然它可能不是最佳的。因此我们觉得实在没有意义要舍弃原来我们熟悉欣赏的人，而把时间浪费在我们不认识且人品可能会在平均水准以下的人身上。”

解读：随着公司规模的扩大与巴菲特个人财富的不断增长，由于感情因素的原因，即便有些交易可以提高公司的盈利，他也不愿意再轻易卖出所持股票或公司股权。这时的巴菲特已经不再把公司价值最大化作为唯一的经营目标了。某种程度上，伯克希尔公司正在向相关人利益最大化转化。

4. “我们对于价格合理的生意，胃口可谓足够，1989 年有一件事值得说明，那就是‘CAT 防护’，也就是一般保险公司（也包含再保公司本身）都会向再保险公司签约买下再保合约，来免于承担诸如龙卷风或是飓风等单一意外事件所可能引发巨额损失的风险。在这些再保合约中，原始的保险公司可能会保留一个单一的损失上限，例如1000万美元，然后在此之上再买进好几层的再保险。当损失超过自留的部分时，再保公司依规定就要支付超过的部分，最高比例可达 95%（之所以要求保险公司本身每层保留 5%，是为了让保险公司与再保公司站在同一阵线，避免保险公司将保单定价过低，损害再保险公司的利益）。”

“我们之所以愿意承担比一般保险公司更多的风险，主要有两个原因：（1）以会计原则的规范标准，我们的保险公司净值高达 60 亿美元，位居全美第二。（2）只要长期而言，这些决策是基于稳健获利的立场，那么我们并不在乎每季的短期盈利数字，就算是每年也无所谓。”

“这种态度在保险业界来说实在是少之又少，通常一般的保险公司会愿意接下很多保单，以确定公司每年可以获得一定的利益，但他们却不愿意公司在某一个单季发生大额损失，虽然这种短期损失可以获得更长远的利益。我想我能够体谅他们的立场，**对股东最有利的**

事，对管理层并不一定是最好的。很幸运，查理跟我的工作和身家利益，与所有的股东都一致。”

解读：这是巴菲特第一次在年度信件中介绍“CAT 防护保单”，也被巴菲特称为“超级猫”保单。由于是对超级巨灾进行再保险，而有关超级灾难的统计数据非常稀少，且一旦发生理赔数额巨大，因此，伯克希尔日后凭借着资本优势与独特的经营文化，逐步建立了在“超级猫”保单领域的优势。这也可以说是在保险业建立了差异化竞争的优势。

5. “（买进美国航空与冠军企业的可转换优先股）我们无法预测投资银行业、航空业或是造纸业的前景（1987 年买下所罗门公司的可转换优先股），这并不表示他们的前景悲观。基本上我们是不可知论者，而不是无神论者。所以由于我们在这些行业上缺乏准确的判断，因此在这些行业所采用的投资方式，就必须与那些显而易见的好公司、好行业有所不同……这种可转换优先股的投资方式可以使我们在所投资的公司产业前景不佳时，仍能确保获得稳定的收益。同时，若被投资公司表现不错，我们又可以获得比投资一般美国企业更好的回报。”

解读：对于那些不能很好地把握前景，无法准确评估出内在价值的公司，采用可转换优先股的方式投资，是一种进可攻、退可守的好办法。由于巴菲特所投资的可转换优先股都没有上市流通，因此如果无法转股，只能被迫长期持有，最多只能获得 9% 左右的股息（甚至都拿不到）。

6. “去年 9 月，伯克希尔发行了 9 亿美元的零息可转换债券，并已在纽交所挂牌。债券的发行价是面额的 44.314%，15 年期限。债券的实际收益率约为 5.5%，转股价约为 9815 美元，比当前的市价大约溢价15%。同时伯克希尔有权在1992年9月28日后，以面值加利息（5.5%的年利率）的价格赎回这些债券。”

解读：巴菲特一方面以约9%的股息率买入一些公司的十年期的可转换优先股，同时以实际利率5.5%发行十五年期的可转换债券。某种程度上说，巴菲特做了一个类似套利的交易。

7. “为了忽悠金主，以便能从他们那里借来钱从事更离谱的交易，借款人们很快又找到更新、更宽松的会计方法。这些人引进了一个新名词，叫扣除息税前利润加折旧（EBITDA），用来衡量一家公司的偿债能力。利用这种较宽松的标准，借款人故意忽略折旧这种费用，因为它不会马上有现金的支出。”

“对于95%的美国企业来说，长期而言其资本支出与计提的累积折旧费用基本相当。资本开支所花的每一分钱都与日常的劳工薪资或水电费用一样，是实实在在的。即使是中学辍学者也知道养一辆汽车不只是要负担利息、油钱、保养费等，还必须准确地估计每月实际摊销的折旧费。”

“企业的资本支出当然可以暂时忽略，就像一个人可以一天甚至一个礼拜不吃东西一样。但若这种坏习惯一旦养成，身体很快就会不适，甚至有死亡的危险。不管人体或是企业，都是如此。”

解读：用“息税前利润加折旧”来衡量公司的偿债能力，是在赤裸裸忽视公司的资本开支。如果一家公司把本应用于资本开支的资金都用来偿还债务，那么这家公司被市场淘汰是迟早的事。几乎所有财务管理的教科书里都把“息税前利润加折旧”视为衡量公司偿债能力的指标之一，华尔街跟商学院真是扯不断，理还乱啊！

8. “如果你以很低的价格买进一家公司的股票，应该很容易有机会以不错的卖价获利了结，虽然长期而言这家公司的经营结果可能很糟糕。我将这种投资方法称之为‘烟蒂’投资法。把路边的烟头捡起来吸一口来解一解烟瘾，对于瘾君子来说，这是举手之劳。”

“除非你是清算专家，否则买下这类公司实在是愚蠢的行为。第一，长期而言，原来看起来划算的价格到最后可能一点都不值得。在经营陷入困境的企业里，通常一个问题才刚解决，另外一个问题又接踵而来。厨房里的蟑螂绝对不会只有你看到的那一只而已。第二，先前的价差优势很快就会被企业不佳的绩效所侵蚀。例如，你用800万美元买下一家清算价值达1000万美元的公司，若你能马上把这家公司处理掉，不论出售或是清算，这时你的报酬可能会很可观。但若这家公司要花十年的时间才能被处理掉，而在这之前你只能拿回一点点可怜的股利，你的年均回报就相当可怜了。相信我：**时间虽然是好公司的朋友，但却是烂公司最大的敌人。**”

解读：在早期的美国，买下一家公司后再清算相对容易，但到了后期，随着劳工组织的强大，清算公司难度加大，成本也越来越高。所以，对于“烟蒂”股的投资，由于公司内在价值不能随着时间的延续不断提升，那么投资者可能会在很长的时间内承担通货膨胀的风险。

9. “在经历了25年的经营与管理各种不同的行业后，查理跟我还是没能学会如何去解决难题。不过我们倒是学会了如何去避免他们，在这点上我们做得相当成功。我们专挑那种一尺的低栏，而避免跨越七尺的高栏。”

解读：经过20多年的历练后，巴菲特渐渐明白了自己的能力范围：哪些是他能做到的，哪些是不能做到的。当遇到超出能力范围的事时，巴菲特选择“绕开”而不是强行“攻栏”。咱打不起还躲不起吗！

10. “我最意外的发现是，企业组织中有一种强大的隐性影响力，我们称之为‘系统性规范’。在读书时，没有人告诉我有这种‘规范’的存在，我刚刚进入商界时也不知道有这回事。我原以为任何一个正直、聪明、富有经验的经理人都会做出理性正确的决策。但慢慢地，我发现完全不是这么回事。相反，理性的态度在‘系统性规范’的影响下都会慢慢地变质。”

“例如，第一，就好像是牛顿第一运动定律所阐述的那样，任何一个组织机构对于在现有方向做出的任何改变都会抵抗。第二，企业总是存在大量的工作来填满所有的工作时间或企业的计划，企业的资金永远被有充足理由的并购案耗尽。第三，任何一个具有领导者崇拜特质的组织，不管其领导者的决策有多离谱，他的追随者们永远可以做出足以支持其决策的投资分析报告。第四，同业的举动，不论是扩张、并购，还是制定管理层的待遇等，都会在无意间彼此模仿。……此后，我便尝试着尽量让这种内在规范降低对伯克希尔的影响。同时，查理和我也试着将我们的投资集中在对于这种问题有相当警觉的公司上。”

解读：经过二十多年在商场与资本市场的历练，巴菲特渐渐发现了企业组织内部存在某种内在规律，使得整个组织更愿意维持现状而非颠覆式的变更，更愿意相互模仿而非创新求变。这种“系统性规范”在机构投资者的群体中表现得更为明显。巴菲特以及伯克希尔的成功，就在于突破了这种内在规律的阻碍。

简单的原则：1990年致股东的信

读到1990年，一个深刻的感受就是，巴菲特是一个善于将问题简化的人，无论是投资或是保险经营。保险业其实是一个同质化竞争非常严重的行业，但是巴菲特却通过“超级猫”保单成功实现了差异化。对于依靠杠杆经营的银行业，也始终坚持一个原则“以合理的价格买进一些经营良好的银行”，与投资其他行业并无二致。

1. “我们有三点必须强调：第一，长期看，假设以10年为周期，我们预计‘超级猫’保单业务应该可以获得令人满意的结果。当然，其中某些年度业绩可能会很惨。第二，我们的预期并非基于客观的判断。对于这类保险业务，历史资料对于我们在做定价决策时并没有太大的参考价值。第三，虽然我们准备签下大量的‘超级猫’保单，但有一个很重要的前提，那就是价格必须要能够与所承担的风险相当。所以，若竞争对手变得积极乐观，那么我们的保单量就会马上减少。事实上，过去几年市场价格低得离谱，导致大部分参与者都被担架抬离现场。”

解读：经过在保险业的多年打拼以后，巴菲特在产险领域的经营重心逐步转移到上游的再保险与超级灾难险业务（“超级猫”保单）。根本原因是下游的保险业务，不论是寿险还是普通的财险业务，趋于同质化竞争，巴菲特在其中难以建立核心竞争力。而超级灾难险业务由于事件稀有、影响巨大、理赔巨额等特点，使得大多数求稳的保险业管理层不敢大规模涉足。从而给了资本充足、管理独特、立足长远的伯克希尔以相对较高的保单价格拿下大量业务的机会。

2. “银行业并不是我们的最爱，因为这个行业的特点是，总资产约为净资产的20倍。这代表只要资产发生一点问题，就有可能把股东权益亏光。而偏偏大银行出问题早已变成常态而非特例，许多时候这是由于管理层的失误。就像去年我们曾提到的‘系统性规范’——也就是公司高管不自主地模仿其他同业的做法。不管某些行为有多愚蠢，在从事贷款业务时，许多银行也都有旅鼠那种追随领导者的行为倾向，所以他们必然有旅鼠一样的命运。由于银行的总资产与净资产之比为20比1，使得所有的优势与劣势都被各种影响放大。我们对于用便宜的价格买下经营不善的银行一点兴趣都没有。相反，**我们希望能够以合理的价格买进一些经营良好的银行**。”

解读：一方面，银行业具有高杠杆的特点；另一方面，业界的管理层存在“系统性规范”，这使大银行出问题成为常态而非特例。可见，银行业的管理因素比单纯的股价便宜，要重要得多，因为即使价格再低，管理不善也会令投资者血本无归。

3. “以长期投资作为终生目标的投资人，对于股市波动也应采取同样的态度。千万不要因为股市大涨就欣喜若狂，股市大跌就如丧考妣。奇怪的是，他们对于食物的价格就不会犯错。他们很清楚自己每天一定会买食物，当食物价格下跌时，他们高兴得很（要烦恼的应该是卖食物的人）。同样，对于水牛城报纸，我们期望印刷成本能够降低——虽然因此公司必须将印刷类存货的价值向下调整——因为我们必须一直买进这些产品。”

“当然，以上所述并不代表不受欢迎或注意的股票或企业就是好的投资标的，反向操作有可能与群众心理一样愚蠢。**真正重要的是独立思考，而不是投票表决**。”

解读：对于一个未来可能有大量现金净流入且希望持续投资股票的人而言，股价上涨就高兴，下跌就伤心，无异于精神分裂病人。

4. “1980年代，大量假冒的‘失翼天使’充斥投资界，也就是所谓的垃圾债券。这些债券在发行时，企业本身的信用评级就不佳，十几年下来，垃圾债券越来越垃圾，最后真的变成名副其实的垃圾了。1990年代经济衰退引发债权危机之前，整个投资界的天空已布满了假冒的‘失翼天使’的尸体。”

“迷信这些债券的门徒一再强调不可能发生崩盘，巨额债务会迫使公司经理人更专注于经营。就像是一位驾驶着一辆轮胎上插着一只匕首的破车，大家可以确定这位驾驶员定会小心翼翼地开车。当然，我们绝对相信这位驾驶员一定会小心谨慎，但是，另外还有一个因素必须克服，那就是只要车子碰到一个小坑洞或是一小片雪，就可能造成致命的车祸。而偏偏在商业的道路上，遍布着各种坑洞。一个要求必须避开所有坑洞的计划实在是一个相当危险的计划。”

“在格雷厄姆的《聪明的投资人》一书的最后一章中，很强烈地驳斥了这种匕首理论。**如果要将稳健的投资浓缩成四字箴言，那就是安全边际**。在读到这篇文章的42年后，我仍深深相信这四个字。没能注意到这个简单原则的投资人在1990年代开始就会慢慢尝到亏损的痛苦。”

解读：“安全边际”实际上已经蜕变为一个哲学概念。一个桥梁规定的载重量是一吨，那么它实际可以承载的重量起码要在两吨以上，这就是安全边际。它不仅适用于企业价值与股价的离差，同样适用于企业负债程度等诸多方面。理论上讲，当企业的负债率超过一定程度后（比如65%以上），企业的负债率就和其破产的概率成正相关了。

5. “当这些错误的行为发生时，专门贩卖匕首的投资银行家们纷纷把责任推给学术单位。他们表示，研究显示，低等级债券所收到的利息收入应该可以弥补投资人无法收回本金的风险。据此，便推断说，好心的业务员所介绍给客户的高收益债券将给客户带来比高等级债券更好的收益（特别要注意在财务学上根据过去的数据资料所做的统计实证。若历史资料是打开财富之门的金钥匙，那么《财富》杂志的四百名大富豪不都应该是图书馆管理员了吗?）。不过这些业务员的逻辑有一个漏洞，而这是统计系的新生都知道的，那就是假设所有新发行的垃圾债券都与以前的‘失翼天使’的情况一样。也就是假设前者还不出本金的概率与后者是一样的。”

解读：会计资料并不能轻易地使用统计学的方法来计算与预测。如果默认在会计资料上采用统计学的方法，实际上就是在假设不同的公司或者同一家公司，在不同的时期所统计的事件，发生的概率是一样的，这样的假设前提在多数情况下是有误的。因此，要十分小心那些会算数的野蛮人!

6. “即使现在垃圾债券的市场价格只及发行价的一点点，它还是个地雷区。就像是去年我们曾经说过的，我们从来不买新发行的垃圾债券。不过趁现在市场一遍混乱之时，我们倒是愿意花点时间看看。”

解读：就像巴菲特不买IPO的股票一样，对于新发行的垃圾债券，他同样不予考虑。如果股票或垃圾债券的发行价格被严重低估，那么发行人本身也不大可能以这个价格发行。

7. “自从我们开始投资美国航空（可转换优先股）之后，航空业的状况便急速恶化。再加上某些同业的自杀性价格战，导致所有航空公司都面临一项残酷的事实：在销售同质化商品的行业之中，你很难比最笨的竞争对手聪明到哪里去。”

解读：在产品或服务同质化的行业里，是很难树立竞争优势的。航空产业尤甚。

寻找护城河：1991年致股东的信

巴菲特在信中阐述了具备“特许经营”公司的特征。这样的公司也是他努力寻找的投资标的。这一时期，巴菲特重点强调的投资理念有三个方面：关注企业本身，而不是市场波动；寻找有护城河的企业；避免频繁进出市场。

1. “不可否认，就长期而言投资决策的业绩还是要建立在股价表现之上，但股价将取决于公司未来的盈利能力。投资就像是打棒球一样，想要得分，大家的注意力必须集中在场上，而不是紧盯着记分牌。”

解读：把注意力集中在球场（所投资的公司）上，而不是记分牌（股价）上，是投资成功的不二法门。

2. “在去年的报告中，我曾经表示媒体事业的盈利能力衰退，主要是因为行业景气循环，但1991年是个例外。由于零售业商业形态的转变，加上广告与娱乐事业的多元化，曾经一度风光的媒体行业，其竞争力已被严重侵蚀。然而，不幸的是在商业世界中，从后视镜中看到的景象永远比从挡风玻璃中看到的清楚。包含银行、股东与证券分析师在内，几年前几乎没有人不看好媒体行业（若再多给我几年，我可能会正确判断出这个产业正在走下坡路了）。”

解读：即便是巴菲特，也很难提前预测到某个产业未来可能出现的颠覆式变化。即使这个行业他还很熟悉。

3. “由于提供特定的产品或服务，一家公司可以成为特许经营的公司：（1）产品或服务确有需要或需求。（2）被顾客认定为找不到其他类似的替代品。（3）产品或服务不受价格的管制。一家公司到底是否具有以上三个特点，可以从他是否能够掌控定价权，并通过提价而取得更高的资本报酬率看出来。更重要的是，特许经营事业能够容忍不当的管理与无能的经理人。虽然这会降低特许经营事业的盈利能力，但并不会对公司造成致命的伤害。”

解读：由于对产品或服务具备强大的定价能力，即便是弱势的管理，也不会从根本上影响一家具备特许经营特质的公司的盈利能力。

4. “相对，普通事业想要获得高回报，就只有靠节省成本，或者在当其所提供的产品或服务供不应求之时赚上一票，但是这种供给不足的情况通常维持不了多久。不过通过优良的管理，一家公司却可以长期维持低成本的营运，但即使如此，还是会面临竞争对手持续不断的攻击。与特许经营事业不同，普通事业有可能因为管理不善而倒闭。”

解读：缺少护城河支持的普通事业，只能靠控制成本与优良的管理来维持相对合理的净资产收益率。这种如履薄冰的感觉，跟特许经营事业完全不同。

5. “几年以来，一般人都认为新闻、电视或是杂志产业的盈利可以永无止境地以每年6%左右的增速成长，并且可以完全不依靠额外的资本。因此其每年的折旧费与资本支出大体相当。再加上由于所需的营运资金相当小，所以账面利润（在扣除无形资产摊销前）几乎等于可以自由分配的盈利。也就是说，拥有一家媒体事业，每年几乎可以有6%稳定增加的纯现金流入。若我们以10%的折现率来计算现值的话，在每年可以贡献100万美元净利润的前提下，其结果是2500万美元（亦即约为25倍的市盈率，若换成税前利润市盈率约为16倍左右）。”

“现在假设条件改变，这家公司只拥有普通的盈利能力，所以每年100万的盈利只能上下起伏。这种打摆子的形式就是大部分公司的现状。而公司的获利想要有所成长，老板就必须要投入更多的资本才办得到（通常都是通过保留盈余的方式）。在新的条件下，同样以10%的折现率折现，大概可以达到1000万美元的价值。可以看出，一项看起来不大重要的假设变动，却使这家企业的价值大幅减少至10倍市盈率（或6.5倍税前利润市盈率）。”

解读：一家公司的价值就是未来自由现金流的贴现值。巴菲特首次以简化的折现现金流模型做出估值分析。那些利润中的自由现金流含量高的公司，就可以获得高估值，反之需要不断投入才能使得盈利增长的公司，估值相对较低。

6.“我们还是在持续地寻找大型企业——**那种容易了解、具有持续性且让人垂涎三尺的事业，外加上有才干并以股东利益为先的管理层**。当然，这些重要的要求并不能保证结果一定令人满意。此外，我们**一定要以合理的价格投资并确保被投资公司绩效表现与我们当初所评估的一致**。这种寻找产业的超级明星的投资方法是我们唯一能够成功的方式。查理跟我的天资实在是有限，以我们目前操作的资金规模，实在是无法依靠买卖一些平凡普通的企业赚取足够的利润。同时，我们也不认为其他人就有办法以这种小蜜蜂一会儿飞到西、一会儿飞到东的方式就能成功。事实上，我们认为将这些短线进出如此频繁的法人机构称为投资人，就好像是把一个每天寻找一夜情的花花公子称作浪漫情人一样。”

解读：把进出频繁的投资机构称为“投资人”是典型的自相矛盾的修辞。

7. “今天假设我的投资范围仅限于奥玛哈地区的私人企业。那么首先我们要仔细地评估每家企业长期的竞争力。其次，我会再评估经营者的特质。最后再以合理的价格买进一小部分的股权。既然我不可能把镇上所有公司的股权都买一遍，那么为什么伯克希尔在面对全美一大堆上市大公司时，就要采取不同的态度呢？同时，因为要找到好的事业再加上好的管理层是如此困难，为什么我们要抛弃那些已经被证明过的投资对象呢？（通常我喜欢把它们称作是‘狠角色’），我们的座右铭是：如果你第一次就成功了，那就不要费力再去试别的了。”

解读：真正的好公司是非常有限的，遇到好公司的同时，又遇到好价格，更是可遇不可求之事。因此，频繁换股操作成功率极低。

8. “著名经济学家凯恩斯，他的投资业绩跟他的理论思想一样杰出。1934 年 8 月 15 日，他曾经写了一封信给生意伙伴 Scott。上面写道：‘随着时光的流逝，我越来越相信正确的投资方式是将大部分的资金投在自己认为了解且相信的事业之上，而不是将资金分散到自己不懂且没有特别信心的一大堆公司上。每个人的知识与经验一定有其限度，就我本身而言，很难同时有两三家以上的公司可以让我感到完全放心。’”

解读：凯恩斯早在 1930 年代初就意识到集中火力投资于优秀且自己能够理解的公司才是正确的投资之道。成功的投资人大都是一样的，不幸的投资者则各有各的不幸。

9. “我们对于美国航空这项投资的评价之所以如此低，正是反映了整个产业目前所面临的获利前景不佳的风险。这个风险又因为法院鼓励已经宣布破产的航空公司继续营运而加大。这些同业得以制定比一般成本还低的价格，是因为它们完全可以不必在乎其他还奄奄一息的同业所需负担的资金成本。为了避免营运停摆，它们可以靠变卖资产来弥补所发生的损失，这种把家具拆了当柴火烧的做法，有可能进一步危及其他营运还算正常的同业，再引发骨牌效应，使整个产业一败涂地。”

解读：即便是号称自由市场经济的美国，一个企业的破产退出也不是那么容易的事情。特别是那些高投入、高负债的行业，考虑到社会影响，依然有着很高的退出壁垒。

价值法与成长法：1992年致股东的信

谈到价值投资，人们首先想到的就是巴菲特，其实，巴菲特从未提出过价值投资的概念，1992年，巴菲特在信中明确表示，“价值投资纯属废话”！所谓价值投资，都是后人的总结而已。包括价值法、成长法，在巴菲特看来，并不是对立的。

1.“一直以来，我们认为股市预言家唯一的价值，就是让算命先生看起来像那么一回事。……虽然有时股市的表现会有相当大的起伏，然而很明显，股市的表现不可能永远都能超越其背后所代表的企业。这也是为何我们胆敢预测，未来十年投资人在股市所获得的报酬将很难再像过去十年那样优异的原因。”

解读：预测股市与算命无异。即便是对长期趋势的预测也时常翻船。巴菲特的这次大胆“预测”就是如此。过去十年美国股市的确非常牛，道琼斯指数从1981年底的880点一路上涨到1991年底的3100多点，涨幅达250%。但之后的十年，也就是从1991年底到2001年底，股指从3100点一路飙升到10000点的历史高位，涨幅达220%。虽然20世纪90年代美国股市的总体涨幅不如80年代，但也相差不大。

2. “我们对于长期目标的专注并不代表不注重短期结果。总的来说，我们早在5到10年前就开始规划，而当时的举动现在才开始慢慢产生效果。如果每次都是有信心地播种，但最后的收割结果都一再让人失望的话，农夫就应该要好好检讨原因了（不然就是农地有问题。投资人必须了解对于某些公司甚至是某些产业，根本就没有所谓的长期性投资策略）。就像是你可能会特别留心那些利用会计手法或出售资产撑高短期盈余的经理人，你也应该要特别注意那些一再延长达成目标期限，并把长期目标一直挂在嘴上的人。”

解读：所谓“长期”也是有一定期限的。对投资而言，一般来说，5 ~ 10年已经可以涵盖“长期”所覆盖的期限了。如果超过这个期限，还是没有达到先前所制定的目标，那投资人就要做自我检讨了。

对于某些公司或者行业，由于无法预估其未来的现金流量，因此很难对其进行长期投资。

3. “我们很喜欢买股票，不过卖股票却是另外一回事。这方面我们就像是一个旅行家发现自己身处只有一个小旅馆的小镇上，房间里也没有电视。面对无聊的漫漫长夜，突然间他很兴奋地发现桌上有一本书——《在本小镇可以做的事》，只是当他翻开书后，里面却只有短短的一句话：那就是你现在正在做的这件事。”

解读：巴菲特再一次幽默地表达了对股票的态度：百无聊赖，长期持有。

4. “你又会问，到底应该如何决定价格够不够吸引人呢？在回答这个问题时，大部分分析师通常会选择两种看起来对立的方法——‘价值法’与‘成长法’。事实上，有许多投资专家会将这两种方法交替运用，就像是轮流换穿衣物一样。我们觉得这种观念似是而非（为此我个人必须承认，好几年前我也是采用这种方法的）。基本上我们认为，**这两种方法本为一体**，在计算一家公司的价值时，成长当然是一件很重要的因素，这个变量将会使得所计算出来的价值的范围从很小到极大。它所造成的影响可能是正面的，也可能是负面的。”

解读：从今天的角度看，不论股票的成长性如何，甚至衰退，公司价值就是未来自由现金流的折现值。所谓“价值法”与“成长法”显然不是对立的。即便是巴菲特，也是在20世纪90年代以后才想明白这个问题。可见巴菲特一直是处于学习进化之中的。

5.“此外，我们也认为所谓的‘价值投资’根本就是废话。若是所投入的资金不是为了换取相对应的价值的话，那还算是投资吗？明明知道所付出的成本已经高出其应有的价值，而只是寄希望在短期之内可以用更高的价格卖出，根本就是投机的行为（当然这种行为一点都不违法，也不违反道德，只是就我们的观点来说，这是在玩吹气球游戏而已）。”

解读：巴菲特本人从来没提过所谓的“价值投资”，格雷厄姆本人也从来没提过“价值投资”这个词，这都是媒体与评论人士强加的名词。“价值投资”与“高大的巨人”一样纯属废话。

6.“不管恰不恰当，‘价值投资’这个名词常常被人引用。一般而言，它代表投资人以较低的市净率或市盈率或者较高的股息率买进投资标的。很不幸的是，就算是具备以上所有的特点，投资人还是很难确保所买到的投资标的确有此价值，从而确信他的投资是依照取得企业价值的原意在进行。相对地，以较高的市净率或市盈率或较低的股息率买进投资标的，也不一定就代表不是一项有‘价值’的投资。”

解读：简单地以市盈率、市净率或股息率来评估公司价值是很幼稚的想法。一家公司的价值取决于诸多方面，绝对不是几个简单的财务比率就可以涵盖的。

7.“同样，对企业成长本身而言，也很难保证就一定存在价值。当然，成长通常会对价值有正面影响，有时是相当重要的一项因素。但这种影响却不是绝对的。例如投资人以往将大笔的资金投入到国内的航空业来支持获利无望（或是悲惨）的成长，对于这些投资人来说，应该会希望莱特兄弟当初没有驾着小鹰号成功起飞。航空产业越发达，这些投资人就越悲惨。”

“**成长只有当企业将资金投入到可以增加更多报酬的活动上，投资人才有可能受惠**。换句话说，只有当每投入的 1 美元可以在未来创造超过 1 美元的价值时，成长才有意义。至于那些需要资金但却只能创造低报酬的公司，成长对于投资人来说反而是有害的。”

解读：成长只是衡量价值的因素之一而已。最终无法产生自由现金流的成长都是对股东而言没有价值的成长。

8.“在约翰伯格·威廉姆斯 50 年前所写的《投资价值理论》当中，便已提出计算价值的公式。我把它浓缩列示如下：今天任何股票、债券或是企业的价值，都将取决于其未来年度剩余年限的现金流入与流出，以一个适当的利率加以折现后所得的数学期望值。特别要注意的是，这个公式对于股票与债券皆适用。不过这里有一个很重要但却很难克服的差异，那就是债券有债息和到期日，可以清楚地定义未来的现金流入。但是就股票而言，投资者必须自己去分析未来可能得到的票息。更重要的是，管理层的品质对于债券的影响相当有限，顶多因为公司无能或是诚信明显不足而延迟债息的发放。但是对于股票投资者来说，管理层的能力将大大影响未来票息发放的能力。”

解读：股票、债券的价值计算公式无差异，因此巴菲特曾多次提到，投资债券和股票，方法是一样的。但是管理因素对股票价值的影响大大高于债券。

9. “根据这种现金流量折现的公式计算，投资人应该选择的是价格/价值最低的那一种投资，不论他的利润变化大不大、营收有没有增长以及股价与现在的利润或账面价值差多少。虽然大部分状况下，投资股票所算出来的价值会比债券划算，但是这不是绝对的。要是当债券所计算出来的价值高于股票，则投资人应该买入债券。”

解读：虽然折现公式本身的各种参数并不易获取，但是，折现现金流比依靠简单的财务指标评估公司的价值可靠得多。凡是依据简单的财务指标选股的方法都是不完善的。

10. “在不考虑股价多少的情况下，最值得拥有的是那种在一段很长的时间里，可以将大笔资金运用在高报酬的投资上的公司。最不值得拥有的企业，是那种跟这个例子完全相反的，在一段很长的时间里，将大笔的资金运用在低报酬的投资之上的企业。不幸的是，第一类企业可遇不可求，大部分拥有高报酬的企业都不需要太多的资金，这类企业的股东通常会因为公司发放大量的股利或是买回自家公司的股份而大大受惠。”

解读：再投资回报率高的公司，比再投资回报率低的公司，更值得投资，特别是对于那些再投资回报率低且分红率也低的公司而言。

11. “虽然评估股权投资的数学公式并不难，但是即使是一个经验老到、聪明过人的分析师，在估计未来年度票息时也很容易发生错误。在伯克希尔，我们试图通过两点来解决这个问题。首先，试着坚守在我们自认为了解的产业之上，这表示他们本身通常相当简单且稳定。如果企业很复杂而产业环境也一直在变，我们实在是没有足够的聪明才智去预测其未来的现金流量。碰巧的是，这个缺点一点也不会让我们感到困扰。就投资而言，**人们应该注意的，不是他到底知道多少，而是到底有多少是自己不知道的**。投资人不需要花太多时间去做对的事，只要他能够尽量避免犯重大的错误即可。第二点也很重要，那就是我们在买股票时，**必须要坚持安全边际**。若是我们所计算出来的价值只比其价格高一点，我们不会考虑买进。我们相信恩师格雷厄姆十分强调的安全边际原则，是投资成功的关键因素。”

解读：第一，买入熟悉且能够理解、评估的公司的股票。第二，买入价格要保持足够的安全边际。第三，牢记前两条。这可以说是投资界的“三大纪律”。

12. “二级市场的投资时常受惠于群众愚蠢的心理——总是会有一个重新设定的全新价格，不管价格多么离谱，那都代表该股票或债券的持有人想要出售的价格，不论何时总会有一小部分股东会有这种念头。在很多情况下，一家具有 X 价值的股票往往以不到一半的价格，也就是 1/2 X 的价格求售。”

“至于初级发行市场则受发行公司与大股东掌控，通常会选择对他们最有利的时点发行。当市场状况不理想时，甚至会避开发行。可以理解的是，卖方不太可能让你有任何便宜可占。不管是通过公开发行或私下协议的方式，你不可能以一半的价格买到你想要的东西，尤其是在发行普通股时。原有股东唯有认为市场价格明显过高时，才可能大量出售其持股。”

解读：没有人比公司的创始人及大股东们更了解自己的公司。企图在新股发行的一级市场以严重低估的价格买入股票，根本就是与虎谋皮。

13. “我对认股期权的看法可以归纳为以下几点：如果认股期权不算是对经理人的一种报酬，那么它又算是什么？而如果一家公司可以不必把报酬列为一种费用，那么它又算是什么？如果一家公司可以不必把费用列入利润的计算，那么它到底跑到哪里去了呢？”

“会计学者以及证监会应该对于认股期权会计处理方法长期受到企业的影响而感到羞愧。此外，企业长期不遗余力的游说也会产生相当不良的副作用。个人认为，为了一己私利，企业界人士愿意冒国会在重大议题上失去公信力的风险。”

解读：授予管理层的认股期权，之所以长期未被美国的会计准则列为费用，一个重要原因，就是掌控大量资源的企业高管与大股东们对国会的游说与或明或暗的贿赂。

14. “在某些公司，营业费用可能占营业利润10%以上，这种十分法不但对于盈余有相当大的影响，同时对企业价值也有很大的伤害。比起一家总部费用占其盈余1%的公司来说，投资人可能因为企业总部额外的费用而遭受9%以上的损失。查理跟我这么多年观察下来的结果是：企业总部的高成本与公司的绩效改善之间是完全没有关系的。事实上，我们认为组织越简单、成本越低的公司，运作起来会比那些拥有庞大官僚组织的公司更有效率。”

解读：公司总部高费用、低效率的公司比比皆是。与这些公司形成鲜明对比的，是伯克希尔的“25 人总部”，可以有效管理庞大的资产和各种业务。

坚守能力圈：1993年致股东的信

基于投资的核心是看懂所投资的企业，巴菲特对学院派的很多经典投资理论都提出了质疑。可以看出，他是一个善于将复杂问题简化，直接击中核心的人，面对那些复杂的模型、数学计算、理论假设等，他关注的核心点只有一个——企业——寻找有竞争优势的优质公司，因为长期看，投资者赚的是公司本身盈利的钱。即便是“股神”，也有看不懂的领域，对于这些企业，他只有一个原则，不懂不做。

1. “1919年可口可乐以每股40美元公开上市，1920年，由于市场对于可口可乐公司的看法相当悲观，股价下跌一半至19.5美元。时至1993年底，若是将收到的股利不断再投资下去，则当初一股股票的价值已经变成210万美元。就像格雷厄姆所说：‘短期而言，市场是投票机器，投资人不须靠智慧或情绪控制，只要有钱都可以登记参加投票；但长期而言，股票市场却是一个体重机。’”

解读：假如当初以可口可乐上市的开盘价40美元买入，并将每年的红利不断再投资可口可乐的股票，则截至1993年，可口可乐公司累积涨幅为五万倍，年化收益率约为15.7%，如果以第二年的最低价

19.5 美元买入，则累计回报约 10.7 万倍，年化回报约为 17.2%。可以看到，在超长的持股周期中，当初的投资成本即便高出了一倍，其年化回报率却可以差异很小。长期投资者实质上赚的是公司本身盈利的钱（对应相应的股权比例）。

2. “1938 年，在可乐问世达 50 年且早已成为代表美国的产品之后，《财富》杂志对该公司做了一次详尽的专访。在文章的第二段作者写道：每年都会有许多重量型的投资人看好可口可乐，并对于其过去的辉煌纪录表示敬意。但也都做出了自己太晚发现的结论，认为该公司已达巅峰，前方的道路充满了竞争与挑战。”

“没错，1938 年确实充满了竞争，而 1993 年也是，不过值得注意的是，1938 年可口可乐总共卖出 2 亿箱的饮料（若是将当时加仑装改成现在 192 盎司的箱子），但是到了 1993 年，该公司一年卖出饮料高达 107 亿箱。对这家当时已经成为市场领导者的公司，在后来将近 50 年总共又成长了 50 倍。对于 1938 年加入的投资者来说，舞会根本还没有结束。虽然 1919 年以 40 美元入股的投资人（含将所收到的股利再投资），到了 1938 年可获得 3277 美元。但是若是在 1938 年重新以 40 美元投资可口可乐股票，时至 1993 年底，还是照样可以成长到 25000 美元。”

解读：从 1938 年算起，至 1993 年，买入可口可乐股票的年化收益率为 12.4%。即便是美国最知名的财经杂志，对公司长期前景的判断依然可能大相径庭。只要人类文明不断进步，具备竞争优势的优质公司持续成长就是一件高概率的事情。

3. “我们相信集中持股的做法同样可以大幅降低风险，前提是投资人在买进股份之前，能够加强自身对于企业的了解以及对其竞争优势的熟悉程度。在这里我们对风险的定义与普通字典一样：就是指损失或受伤的可能性。然而学术界却喜欢将投资的风险给予不同的定义。学术界坚持把风险当作股票价格相对波动的程度，也就是个别股票相对于指数波动的幅度。运用数据库与统计方法，这些学者能够计算出一只股票‘精确’的 Beta 值，Beta 值代表其过去相对波动的幅度。然后，再根据这项公式建立一套晦涩难解的投资与资金分配理论。”

解读：集中投资就是把鸡蛋放在一个篮子里并看好它。股价根本上讲只是大众对一家公司的看法而已，大众的看法不一定是正确的，因此股价的波动与风险并无必然联系。

4. “在评估风险时，Beta 值理论的学者们根本就不屑于了解这家公司到底是在做什么，他的竞争对手在干什么，或是他们到底借了多少钱来营运。他们甚至不愿意知道公司的名字叫什么，他们在乎的只是这家公司的历史股价。相反，我们不关心这家公司股价的历史表现……另外，我们买进股份之后，一点也不在意这家公司的股份在未来一两年内是否有交易，就像是我们根本不需要用 100% 持股的喜诗糖果或布朗鞋业的股票报价来证明我们的权益是否存在一样。同样，我们也不需要持股 7% 的可口可乐股票每日的价格行情。”

解读：公司的基本面情况才是天。股价的历史表现与投资决策毫无关系。

5. “我们认为投资人真正应该评估的风险是一项投资在其预计持有的时间内所收到的税后收益总和（也包含出售股份所得），能否让他保有原来投资时拥有的购买力。虽然这样的风险无法做到像工程般那样精确的衡量，但我们还是可以有效做出判断。在做评估时主要有以下几个因素：（1）这家公司的长期竞争能力在多大程度上可以衡量。（2）这家公司的管理层在发挥公司潜能以及有效运用现金的能力方面在多大程度上可以衡量。(3)这家公司的管理层将企业获得的利益实实在在地回报给股东而非中饱私囊的情况在多大程度上可以衡量。(4)买进这家企业的价格。(5)投资人最终所得到的净购买力。必须从投资收益总额中扣除税负与通货膨胀等影响因素。”

解读：在价格便宜的基础上，公司可以衡量与评估的程度越大，就越值得投资。

6. “当然有许多产业，连查理或我可能都无法判断，到底我们在玩的是宠物玩具还是芭比娃娃。甚至在花了许多年的时间努力研究了这些产业之后，我们还是无法解决这个问题。有时是因为我们本身知识上的缺陷所致，影响了我们对事情的了解；有时则是因为产业特性的关系。例如对于一家随时都面临快速变迁的技术公司来说，我们根本就无法对其长期竞争力做出任何评断。……我们宁愿挑些简单一点的。一个人坐着舒舒服服就好了，为什么还要费事去挨稻草里的针呢?”

解读：即便是巴菲特与芒格，也有很多弄不明白的行业与公司。了解自己的能力范围并扎根于此，才是投资成功的关键。

7. “第一类，也是目前最普遍的一类——在公司的股权结构中，并没有一个具有掌控能力的大股东。在这种情况下，我相信董事会的行为应该像是公司有一个因事未出席的大股东一样，在各种情况下，都能够确保这位虚拟大股东的长期利益不会受到损害。然而很不幸的是，所谓的长期利益，反而给了董事会很大的弹性操作空间。假设董事会运行顺畅，但管理层却很平庸甚至差劲时，那么董事会就必须负起责任将管理层换掉。这就好像一般公司老板会做的决定一样。若是管理层能力尚可，只是过于贪心，不时地想要从股东的口袋里捞钱，那么董事会就必须适时出手制止并给予警告。在一般情况下，当个别董事发觉有不合理的现象时，应该把他自己的看法告诉并试着说服其他董事。若能够成功，那么董事会就有能力做出适当决定。但是，假设这位董事孤掌难鸣，无法获得其他董事的支持，那么他就应该要让没能出席的股东知道他的看法。当然很少有董事真的这样做，很多董事事实上并没有足够的胆识做这样大胆的动作，但我却认为这样的举动并没有什么不妥。”

解读：由于美国公司股权普遍比较分散，因此巴菲特所说的第一类公司治理结构在美国是很常见的。这种公司治理结构有其天然的缺陷。董事会成员因为自身利益而不作为是“代理成本”的体现之一。

8. “第二种类型跟伯克希尔公司一样，具备控制权的大股东本身也是管理层。在某些公司，经过特殊安排，将公司的股权按投票权重的不同分成两类，也会产生这种情况。在这种情况下，董事会很明显不是所有权人与管理层之间的中介，且除非经由劝说，否则董事会很难发挥改变公司的影响力。因此要是老板同时也是经营者，本身的能力平庸或很差劲或不顾他人意见，则董事除了表示反对以外，别无他法。而要是与老板兼经营者没有关系的董事碰巧做出相同的结论，有时或许还有用，但大部分的状况下是无济于事的。要是公司无法做出改变，且情况演变得很严重时，外部董事就应该辞职。外部董事的辞职等于是对现有的管理层投下反对票，同时凸显外部董事没有能力纠正老板兼经营者的决定。”

解读：当大股东本身也是管理层时，董事会要么是大股东安插的代言人，要么就是没有实权的木偶。在这种公司治理结构下，如何防范大股东的昏庸决定与对小股东利益的侵害是关键。

9. “第三种情况是公司拥有具备控制权的大股东，但却不参与公司经营。……公司能够充分运用外部董事的能力，若是董事们对于管理层的能力或品格感到不满意，他们可以直接向大股东反映（当然大股东可能也是董事成员）。……但即便如此，有意见的董事也只是能有这样一种选择途径，若是他对于特定事情的处理结果不满意，他还是只能辞职，而别无其他选择。”

“理论上，第三种类型能够确保一流的管理层存在。因为在第二种类型下，老板不可能把自己辞掉。而在第一种类型下，董事们通常很难与表现平庸又难以驾驭的经理人打交道，除非那些有意见的董事能够获得董事会多数的支持，这是一件很困难的事，尤其是管理层的表现虽然可恨但却罪不至死的时候。在实际情况中，面临这种现象的董事通常会说服自己留在董事会，至少还有利可图。与此同时，管理层还是同样可以为所欲为。”

解读：公司具有控股股东却不兼职做管理层工作，这相当于是“垂帘听政”。这种公司治理结构下，董事会可以随时到“太后”（大股东）身边打小报告。如果“太后”不是很昏庸的话，就能够保证安排大体称职的管理层来经营公司。

历史投入的账面价值与未来产生的内在价值：1994年致股东的信

巴菲特对企业的并购活动一直持有一种谨慎的态度。在1994年的信中，他用一个十分生活化的案例——一名大学生的大学教育，来说明并购交易是如何伤害股东利益的。这其中一个核心就是，历史投入的账面价值与未来产生的内在价值是不同的。

1. “对于市场上一般投资人与商业人士相当迷信的政治与经济方面的预测，我们仍将保持视而不见的态度。”

“令人惊讶的是，这些曾经轰动一时的重大事件从未对格雷厄姆的投资哲学造成丝毫影响，也从没有让以合理的价格买进优秀企业的投资行为看起来有任何不妥。……事实上，**我们通常都是利用某些历史事件发生，在悲观气氛到达顶点时，抓住最好的进场机会**。恐惧虽然是盲从者的敌人，但却是基本面信徒的好朋友。”

解读：没有人可以准确地预测到任何重大的政治或经济事件的发生，除非这个事件是他一手策划的。与其把精力放在预测暴雨何时来临，不如未雨绸缪，去打造“挪亚方舟”。“格雷厄姆公园”的投资者们就是靠着坚固的“挪亚方舟”历经风雨，披荆斩棘。

2．“为了了解历史投入的账面价值与未来产生的内在价值有怎样的不同，让我们看看另外一种形式的投资——大学教育。假设把教育成本当作是账面价值，再算仔细一点，还要包含学生因为读书而放弃工作所带来的收入的机会成本。”

“在这里，我们姑且先不论非经济的效益而只专注于经济效益。首先，我们必须先估计这位毕业生毕业后一生的职场生涯所能得到的收入总和，然后再扣除要是他没有接受这项教育，原本可以得到的收入，从而得到因为这项教育投资，他可以获得的额外收入。当然之后还要利用一个适当的利率加以折现，得到截至毕业日的折现值，所得到的数字也就等于这场教育所能够带来的内在经济价值。”

“有些毕业生可能会发现其账面成本可能远高于计算出来的实质价值，这就代表他去接受这样的教育不值得。相反，要是接受教育所产生的内在价值远高于投入的成本，就表示这样的投资明智。不管怎样，有一点是很明确的：那就是内在价值的多寡跟账面成本一点关系都没有。”

解读：账面价值表示过去已经发生的事情，内在价值则表示未来将要发生的事情。教育投入可以带来一些非经济因素，经营公司有时也会带来一些非经济因素，这是不可忽视的。

3．“在思考企业购并活动时，许多经理人都会专注于每股盈余被稀释或是反稀释（如果在金融机构，则是每股账面价值），过分强调这点是相当危险的。回到我们先前所举大学教育的例子，假设一位25岁MBA一年级的学生，考虑将他个人未来的经济利益与另一位25岁的工人合并。他会发现，现在尚无谋生能力的他，如果与工人做一比一的合并，他往后几年的赚钱能力将会立即大幅提升。但是，你认为这位 MBA 会笨到接受这样的提议吗？”

“谈到企业购并，对于可能的买主来说，只专注于现在的获利情况却不管潜在的卖方拥有不同的前景、不一样的非营业资产或不同的资本结构，是一件很愚蠢的事。在伯克希尔，我们不知拒绝了多少那种虽然会让短期盈余美观但却可能损害每股内在价值的合并案或投资机会。”

解读：不论投资者还是管理层，都要注重内在价值的增长而非企业规模或利润总额的增长。

4. “很遗憾，大部分并购交易都充满了不公平。对于被并购方来说算是得到解脱，并购一方的管理层则名利双收。旁边的投资银行家与专业顾问也都能跟着大捞一笔，只不过真正受害的却是购并方背后全体的股东。”

解读：多数并购交易更多的是出于管理层的私利，而非股东价值最大化。

5. “在设定薪酬标准时，我们不会吝啬提出重赏的承诺，但必须是在各个经理人的职权范围内论功行赏。当我们决定对某个项目投入大笔资金时，会将高额的资金成本算在其经理人的头上。相对地，当他们将多余的资金返还给我们时，我们也会将对等的利息收入记在其经理人的功劳簿上。”

解读：巴菲特对旗下公司的要求是，留存盈余必须超过规定的资金成本。一般情况下，巴菲特对资金成本的要求是年化 15%。如果旗下公司的留存收益达不到巴菲特规定的资金成本，则子公司的管理层必须将留存的收益返还给母公司伯克希尔。

以股东利益为并购的先决条件：1995 年致股东的信

巴菲特多次对企业的购并活动进行抨击，也指出了其是如何损害股东利益的，基于此，他也提出，要完全以股东利益为并购的先决条件。为股东创造价值，永远是第一位的。此外，巴菲特在信中还强调，愿意用更大的净值波动换取更高的投资回报率。这与很多机构视净值为生命形成了鲜明对比。

1. “查理跟我本人一直都保持着原来的怀疑态度。我们坚信大部分并购活动会大大损害并购发起方的股东利益。喜剧《HMS 围裙》中说得没错：事情通常不是外在表现出来的那样。去脂牛奶会被冒充成奶油，更有甚者，卖方与其代表人总是会提出一些娱乐性高于教育性的财务预估数字。在规划美丽的大饼方面，华尔街的能力绝对不会输给华盛顿政府。”

解读：由于卖方一定比买方更了解自己的公司，所以希望通过协议并购获取超额收益，可谓是“难于上青天”。全面了解被并购公司的过往业绩与竞争优势，而不仅仅是当前的业绩记录，是一项成功并购的必要条件。

2.“（在并购方面）我们拥有几项优势，其中最有利的可能就是我们并没有一套特定的计划，所以就没有必要依照固定的模式交易（一种几乎注定会以离谱的价钱成交的模式）。**我们完全以股东利益为并购的先决条件**。在这样的心态下，我们随时可以客观地将购并案与其他潜在的几十种投资机会做比较。其中包括在股票二级市场买进部分股权。我们习惯性地做比较——主动购并与被动投资。这是那些一味地想要扩张经营版图的经理人无论如何也做不到的。”

解读：放弃特定的计划与年度经营目标，就可以在投资方面尽量避免“受迫性失误”。很多公司的管理层将经营版图的扩张看得比提升股东价值还重要，这成了他们在并购中的绊脚石。随心所欲其实是投资与并购的一个重要竞争优势。正所谓“无欲则刚”。

3.“如果这项事业不是由Jeff所管理的话，我们可能就不会买下它。买下一家没有优良管理的零售业公司，就好像买下一座没有电梯的埃菲尔铁塔。……对零售业来说，要是用人不当的话，就等于买了一张准备倒闭关门的门票。”

解读：在巴菲特看来，管理对于零售业非常重要。那些轻资产的零售类公司，由于缺乏资本投入与品牌壁垒，如果再配上劣质的管理，寿命注定长不了。

4.“零售业的经营相当不易，在我个人的投资生涯中，见过许多零售类公司曾经拥有极高的成长率与股东权益报酬率。但到最后，突然间表现急速下滑，很多甚至被迫以倒闭关门收场。比起普通的制造业或服务业，这种刹那间的永恒在零售业屡见不鲜。这些零售业者必须时时保持警戒，因为你的竞争对手随时准备复制你的做法，然后超越你。同时消费者也愿意给予新进入业者尝试的机会。在零售业一旦业绩下滑，注定就会失败。”

解读：零售业的特点正应了《桃花扇》中的一句话：“眼看他起朱楼，眼看他宴宾客，眼看他楼塌了。”

5. “我们比较喜欢跌宕起伏的15%，更甚于四平八稳的12%。而正因为大部分经理人倾向于业绩平稳，这使得我们在长期回报率极大化方面拥有绝对的竞争优势。当然我们会密切注意避免最坏的状况超越我们可以容忍的范围。”

解读：不管是在投资还是在经营生意方面，巴菲特都是以长期经营目标为准绳，忽略短期的经营业绩。这正是其无往不利的原因所在。

保守的投资风格：1996年致股东的信

巴菲特在信中强调，喜欢产业变迁缓慢的公司。“变迁快速的产业环境或许能让人一夕之间大发横财，但却无法提供我们想要的稳定性。”其实，这就是坚守自己的能力圈，知道自己懂什么，不懂什么。做自己看得懂的事情。

1. “有人可能会怀疑我们现在用人的政策，是缘于早期年龄歧视政策所受到的创伤。其实真正的原因乃是出于自私。因为我们认为实在是很难教新狗老把戏！在伯克希尔，许多经理人虽然已经年过70，但是他们还是像年轻时一样活跃，频频击出全垒打。”

解读：巴菲特旗下公司的管理层的平均年龄很大，多数人都是70以上的高龄。这些人普遍专注于自己的生意几十年，经验丰富，处事却相对保守。这恰好与巴菲特的保守型投资风格一致。

2. “不管买下整家公司或股票投资，大家会发现我们偏爱变化不大的公司与产业。原因很简单，我们希望买到的公司能够持续拥有竞争优势达十年或二十年以上。变迁快速的产业环境或许能让人一夕之间大发横财，但却无法提供我们想要的稳定性。”

解读：巴菲特对公司特性的偏好更可以印证其保守型的投资风格。

3.“虽然查理跟我本人穷尽一生追求永恒的持股，但真正能入我们法眼的却是凤毛麟角。一家公司仅仅是取得市场领导地位并不足以保证成功。看看过去几年来通用汽车、IBM与西尔斯，都曾是领导一方的产业霸主，在所属的行业都有无可取代的优势地位，大者恒存的自然定律似乎牢不可破，但实际结果却不然。因此，在找到真正的真命天子之前，旁边可能还有好几打假冒者。这些公司虽然曾经红极一时，但却完全经不起竞争的考验。换个角度来看，既然能够被称为永恒的持股，查理跟我早就有心理准备，其数量绝对不可能超过五十家甚至是不到二十家，所以就我们的投资组合来说，除了几家真正够格的公司之外，还有另外几家则属于极有可能的潜在候选人。”

解读：诸如通用汽车、西尔斯等曾经的行业领导者，后来逐步走向衰落，充分说明了具备核心竞争力的公司是极少的。巴菲特心目中的“真命天子”不可能是那些沽名钓誉之徒。

4.“有一个问题倒是很值得注意，那就是有一些资质原本不错的公司，由于管理层规划的方向产生偏差，将原本良好的本业弃之不顾，反而跑去购并一堆平凡的公司。当这种状况发生时，其投资人所承受的煎熬便会加重加长。然而不幸的是，这正是几年前发生在可口可乐与吉列身上的惨事（大家可以想象十几年前，可口可乐大举投入养虾事业，而吉列竟热衷于石油探勘吗?）。是否聚焦核心主业是查理跟我在思考是否投资一些外表看起来很不错的公司时最关心的重点。”

解读：对于一家在行业中极具竞争优势的公司而言，聚焦主业是重中之重。任何轻易偏离主业的行为都很可能损害股东价值。

5.“你也可以选择建立自己的投资组合，但有几点必须特别注意：……你不必像很多专家一样同时研究许多家公司，相反，你要做的只是选择少数几家在你能力范围之内的公司就好。能力范围的大小并不重要，要紧的是你要很清楚自己的能力范围。”

解读：对于业余投资人，即便能力范围再小，也可以画出一个圈圈。只要固守在这个“小圈圈”里，长期看一定可以取得不错的投资业绩。

6. “投资要成功，你不需要研究什么是Beta值、有效市场、现代投资组合理论、选择权定价或是新兴市场等。事实上大家最好不要懂得这些理论。当然我这种看法与目前以这些课程为主流的学术界有明显不同。我认为，有志从事投资的学生只要修好两门课程——‘如何给予企业正确的评价’以及‘思考其与股价的关系’——即可。”

“身为一位投资人，大家要做的是以合理的价格买进一些很容易了解且其盈余在未来五到十年内会大幅成长的企业的部分股权。当然经过一段时间，你会发现只有少数几家公司符合这样的标准。所以要是你真的找到这样的公司，那就一定要买进足够分量的股权。在这期间，你必须尽量避免受到外界诱惑而偏离这个准则。**如果你不打算持有一家公司股份十年以上，那最好连十分钟都不要拥有它**。在慢慢找到这种盈余总和能持续累积的投资组合后，你就会发现其市值也会跟着稳定增加。虽然我们很少承认，但这正是伯克希尔股东累积财富的唯一方式。”

解读：很遗憾，大学课堂里关于金融投资的教学都是在做无用功。如果把“如何正确评价公司”与“思考其与股价的关系”两门课程引入大学课堂，将会有更多的学生受益。

投资白银：1997 年致股东的信

巴菲特对于投资黄金曾有过一段经典的论述，核心逻辑是，黄金本身不产生价值，即黄金是一个不会下蛋的鸡。但是，巴菲特却在白银市场大显身手。这也成为很多人指责巴菲特言行不一的一个“铁证”。在 1997 的信中，巴菲特首次提到了大量投资白银现货的原因。

1. “当股市正热时，相较于 S&P 500 指数，我们比较吃亏，因为指数或共同基金不必负担税收成本，他们可以直接将税负转嫁到投资人身上。而伯克希尔光是去年就必须认列高达 42 亿美元的联邦所得税，这相当于我们年初净值的 18%。”

解读：伯克希尔在牛市时难以领先甚至跑输指数的一个重要原因，就是资本利得税。

2. “去年我们一口气买进总共 1. 112 亿盎司白银，以目前的市价计算，获得税前收益 9740 万美元。从某个角度来说，这仿佛又让我回到过去。记得在 30 年前，我因为预期美元将自由化而买进白银，自此之后，便一直追踪贵金属的基本面，只是并没有其他买进动作。直到最近这几年，银条的存货突然大幅下滑，查理跟我得到一个结论，那就是白银的价格应该要稍微向上调整以维持供给与需求的平衡，至于一般人较注意的通胀预期，则不在我们计算价值的范围之内。”

解读：30年前，当巴菲特预计美元将与黄金脱钩时买入了白银。30年后，当白银的库存大幅下滑后，又再次买回白银。对一个投资标的，巴菲特愿意付出三十年的观察与等待。巴菲特买入白银的另一个重要原因是，当时的股票市场过热，缺乏好的投资机会。

3. “有时我们的资金不一定能够找到最理想的去处——经营良好、价格合理的企业。这时我们就会将资金投入到一些期限较短但品质不错的投资工具上。虽然我们很明白这样的做法可能无法像买进好公司那样稳健获利，甚至在少数状况下有可能赔大钱，不过总体来说，我们相信赚钱的概率还是远高于赔钱，唯一的关键在于其获利何时能够实现。”

“截至年底，我们总共有三项异于往常的投资，首先是1400万桶的原油期货合约……当初我们之所以会建立这些部位，主要考量当时的石油期货价位有些低估，至于现在的市场状况，我们则没有任何意见。”

“最后一项是46亿美元的长期美国零息债券，这些债券不支付利息，而是通过折价发行的方式回馈给债券持有人。也因此这类债券的价格会因市场利率变动而大幅波动。如果利率上升，持有零息债券的人可能损失惨重，反之，投资人可能因此大赚一笔。因为1997年的利率大幅下滑，所以光是1997年，我们的未实现收益就高达5.98亿美元，这些收益已全数反映在公司年底的账上。”

解读：当缺乏理想的股票可以投资时，白银、原油期货、零息国债等特殊的投资标的，巴菲特也会涉足。变化的是环境，不变的是准则。

4. “买方没有理由以溢价进行购并，除非在以下特殊情况下：(a) 相对于被购并者，其股价被高估。或者，(b) 两家原本独立的企业在合并之后所赚取的利润高于原先的总和。显而易见，买方通常会采取第一个理由，因为很少有公司会公开承认自己的股价被高估。然而贪得无厌的买家——印股票的速度比印钞票的速度还快的这群人，最后却不得不默认自己的股价确实被高估，通常他们玩的宛如华尔街版的连锁信游戏。”

解读：如果并购不能产生协同效应或者以股份支付时，自己公司的股价没有相对高估，则不能溢价并购。这看似简单的原则，却被公司高管们屡屡践踏。

5. “虽然我们从来不愿去预测股市的动向，但却可以试着大概评估其合理价位。记得在去年的股东会时，道琼斯指数约为 7071 点，长期公债的复利率为 6.89%，查理跟我就曾公开表示，如果符合以下两个条件，则股市并未高估。第一，利率维持不变或继续下滑。第二，美国企业继续维持现有的高股东权益报酬率。现在看起来，利率确实又继续下滑，这一点算是符合条件，另一方面，股东权益报酬率仍旧维持在高位。换句话说，若这种情况继续维持下去，同时利率也能够维持现状，则一般来说，没有理由认为现在的股市过于高估。不过从保守角度来看，股东权益报酬率实在很难永远维持在现有的这种水平。”

解读：高利率环境如果有高净资产收益率相配合，则股票可以维持高估值。股市是否高估是一个相对的概念，而非绝对的概念。

会计手法：1998年致股东的信

巴菲特在信中对公司频繁使用的“会计手法”进行了批评。会计估计、认股期权的确认、盈余管理，甚至会计欺诈，这些手法使得仅仅依靠简单的数据进行投资极为危险。

1. “有一点必须特别注意的是：因为损失成本必须根据估算，所以保险业者对于承保结算的业绩有相当大的伸缩空间，从而使得投资人很难正确地衡量一家保险公司真正的浮存金成本。估计错误，通常是无心，但有时却是故意，与真实的结果往往有很大的差距，而这种结果直接反映在公司的损益表上。有经验的行家通常可以通过公司的计提准备科目发现重大错误。但对于一般投资大众来说，除了被迫接受财务报表的数字之外，别无他法。而我个人常常被这些经过各大会计师事务所审计的财务报告吓到。就伯克希尔本身而言，查理跟我在编列财务报表时，都尽量采取最保守的做法，因为就我们的经验而言，保险业所发生的意外，通常都不会是什么好消息。”

解读：会计估计可以大大影响一家保险公司的承保成本，从而使最后体现在财务报表中的利润数据存在很大弹性。可以看到，美国的保险公司也常常低估各种需要计提的准备金。

2. “新的计划与先前的认股权计划对公司员工来说具有相同的效益，即在相同的表现之下，公司给予员工同样的报酬奖励，只不过原先大家预期可以获得的股票将会改以现金取代。”

“虽然两项计划在经济实质上相当。但现金奖励计划在会计账面上却相当不利。这种爱丽丝梦游仙境的结果主要起源于会计准则在计算公司获利时，根本上忽略了认股权的成本。虽然在许多大企业，员工认股权早已成为公司庞大的成本负担。事实上，会计准则给予公司经理人一个相当有弹性的空间，若你以这种形式给予员工报酬，就必须计入成本。但若你以另一种形式给予员工报酬，就不必计入成本，也难怪员工认股权已经到了泛滥的地步，管理层一面倒地采用这种方式，**使股东权益大大受损**。虽然我承认选择权若能够好好计划，有时候是可以成为一种补偿并激励高级经理人的好方法。但是大部分的时候，他们通常过于慷慨，严重损及原有股东的利益，并不适合作为一项好的激励工具。”

解读：20 世纪 90 年代，根据美国会计准则，员工认股期权是不确认为费用的。巴菲特一直反对这种做法。认股期权一方面是员工的一种报酬，另一方面，往往以低廉的认股价格摊薄股东权益（增发新股），显然应该作为费用处理。可以看出，巴菲特在分析问题时，永远是以股东利益为先。

3. “不管选择权到底有何优点，有关它们的会计处理原则实在太离谱。试想，今年我们预计投入 1.9 亿美元在 GEICO 的广告之上，若我们不支付现金，改以同等价值的伯克希尔股票选择权，作为给予对方的对价，那么有没有人会跳出来说，伯克希尔的广告怎么就可以不花一毛钱，难道它不应该反映在公司的会计账簿上吗?”

“当我们考虑要投资一家发行了认股选择权的公司时，会先将这家公司的获利能力向下修正，直接扣除若对外公开发行这些选择权所能得到的对价。同样，要是我们准备购并一家公司，也会将更换原有选择权的成本列入考量。然后等合并案正式通过后，立即将相关成本反映在会计账簿上。”

解读：巴菲特通过将广告费改用认股期权支付的例子，生动地说明了认股期权应该确认为费用。在对公司估值时，巴菲特也会将不正当的会计处理做调整。

4. “这些经理人一开始往往就认定他们的主要工作之一是让公司的股价越高越好（关于这点我们不敢苟同），而为了撑高股价，他们无所不用其极地在公司营运上冲刺，只是当公司营运结果不如预期时，自然而然地会想到运用不当的会计手法，不是‘制造’出想要的盈余数字，就是预埋伏笔，在未来的盈余做手脚。”

“而为了让这样的行为合理化，这些经理人常常表示，如果公司的股价不能合理反映其价值，则股东利益将会受损。同时他们也声称，运用会计骗术以得到想要的数字的做法很普遍。而一旦这种‘别人都这样，为何我不行’的想法根深蒂固后，道德方面的顾虑就已消失殆尽。Gresham 之子称这样的行为：邪恶的会计创造出伪装的善良。”

解读：一开始是些小公司，到了后来，一些声誉不错的大公司也开始玩弄会计数字，特别是在公司重组与合并方面。最可笑的是，一些会计手法居然是不完善的会计准则所允许的！除此之外，上市公司也会通过各种会计手法进行盈余管理，甚至造假欺骗。管理层通过会计造假比通过实实在在的经营创造利润要容易得多。

5. “有一种会计科目叫作‘重整损失’，在法理上虽然合法，但却通常被当作操纵损益的工具。通常公司会将多年累积的开支在单一季度一次性计提损失。这是一种典型的让投资人大失所望的骗术。有时候，公司为了将过去虚构的不实盈余所累积的垃圾一次出清，或是为了虚增未来年度的盈余，预先做铺垫。不管怎样，这些做法的主要前提都是抓住了华尔街只关心未来年度的盈余是否高于预期五分钱，却一点也不在乎公司当季的盈余是否少了五块钱的心理。”

解读：会计骗术无所不在。通过类似“重整损失”这样的科目调整利润，根本上讲是抓住了华尔街只关注预期收益这一要害。可见，分析公司要全面彻底，不能只关注某一个时点或某一个别数据。

6. “在购并的世界里，组织重整早已被提升到艺术的层次。经理人现在越来越习惯通过合并来操控公司的资产与负债的价值，以使公司未来的盈余能够平稳地虚增。事实上，在交易的时候，大型的会计师事务所偶尔也会建议公司来点小小的会计戏法（当然有时也可能会搞得很大），而在得到领路人的引诱后，一流的人格往往会屈服于三流的伎俩。CEO 实在是很难拒绝会计师提出的让公司未来盈余好看一点的美意。”

解读：在购并时，先做高当期成本，再以此为基础虚增未来利润，“会计手法”在美国大公司里也是无处不在。

7. “不过告诉各位一个好消息，在现任主席 Arthur Levitt 的带领下，证监会似乎有意要好好地整顿一下美国企业的种种不当行为。在去年 9 月的一次历史性演说中，Levitt 呼吁大家停止‘盈余管理’。他一针见血地指出，太多的企业经理人、会计师与分析师参与这种大家心知肚明的游戏。接着他又开门见山地指出：当经理人有太多的机会来操纵盈余的同时，其人格也随之消失殆尽，化成幻影。”

解读：巴菲特在年报中用大篇幅来批判企业界的会计造假与盈余

管理行为，可见他对这种愈来愈甚的行为已经到了忍无可忍的地步。在他看来，这种行为如果不加以遏制，企业管理层将因这种宽松的环境而最终放纵自己，最终企业股东利益将毫无疑问地受损。

商誉：1999 年致股东的信

巴菲特在信中再次对商誉的会计处理原则提出质疑。认为商誉的摊销是典型的会计处理与公司经营实质发生矛盾的例子。

1. “财报中有一个叫‘商誉摊销’的会计科目，大家要特别注意。伯克希尔每年固定计提的金额大约 5 亿美元，这项计提使资产负债表上商誉的会计数字逐年递减，但却与公司实质经济稳定成长的现况背道而驰。就算实质的经济商誉价值维持不变，每年固定计提的商誉摊销费用也会使账上的商誉与实际的商誉价值间的差距日益扩大。”

解读：商誉的摊销是典型的会计处理与公司经营实质发生矛盾的例子。

2. “（在购并方面）在别的公司，高管通常亲自与投资银行家一起寻求可能的购并机会。所运用的拍卖程序相当固定化。”

“而在这其中最有趣的是，这些资料所显示的未来几年的盈余预测都相当明确。不过要是你问问编造这些报表的银行业者，他们自己的银行下个月的盈余预估，他会马上露出警惕的神色告诉你，产业与市场的状况如此变化多端，以至于他无法妄下定论。”

解读：不要轻易相信投资银行家们关于未来盈利的预测数据。巴菲特对投行提供的资料一向不感兴趣。可以想象，卖家提供的资料一定是尽量陈述公司的优势，却尽可能隐藏风险。

3. “**经济商誉在许多情况下，并不会减损或消失**。事实上，在大部分的案例中，商誉不但不减，反而会随着时间的累积而增加，在某些特质上，经济商誉类似土地，两者的价值都会上下波动，但何时会增加，何时会减少，却不一定。以喜诗糖果为例，过去的78年，其品牌价值以不规则但较快的速度成长，只要我们经营得当，其品牌价值增长的态势很有可能继续维持78年。”

解读：巴菲特再次强调商誉摊销的会计处理值得商榷。随着时间延续，多数公司的商誉是在不断增加的。

4. “如果说我们有什么能力，那就是**我们深知要在具竞争优势的范围内，把事情尽量做好，以及知道可能的极限在哪里**。而要预测在快速变化的产业中经营的公司，其长期的经营前景如何，很明显已超过我们的能力范围。如果有人宣称有能力做类似的预测，且以公司的股价表现作为佐证，则我们一点也不会羡慕，更不会想要去仿效。相反，我们会坚持自己所了解的东西，如果不幸偏离轨道，那也一定是不小心造成的。还好，可以确信的是，伯克希尔永远有机会找到它能力范围内可以做的事。”

解读：专注于自己的能力范围，不受其他外在因素的诱惑。伯克希尔就如同一直固守在孙悟空给唐僧画的圈中，这也是伯克希尔长期以来可以持续成长的重要原因。

5. “目前我们拥有的这些好公司的股票价格其实不太吸引人。从另外一个角度看，我们认为它们本身比起股价表现要好得多。这也是为什么我们并不急着增加持股的原因。尽管如此，我们也没有大幅降低持股仓位。如果要在股价令人满意但有问题的公司与股价有问题但令人满意的公司之间做出选择，我们宁愿选择后者。当然真正会引起我们兴趣的，是那种公司令人满意，同时股价也令人满意的标的。”

解读：巴菲特宁愿以王道的价格购买优秀的公司，也不愿以公道的价格购买平庸的公司。这就好像我们宁愿请一个人品过硬的人吃便饭，也不愿去赴一场由人渣组织的特邀晚宴。

6. “我们认为，企业获利的增长速度，与一个国家的国内生产总值（GDP）的增长率有一定关系。我们估计目前GDP的年增长率大概只有3%左右，此外再加上2%的预估通货膨胀率。当然，查理跟我无法对2%的通货膨胀率的准确性做任何保证，但这至少是市场上的共识。”

解读：巴菲特认为美国企业总体的增长速度与这个国家的名义GDP增速大体相当。不过，美国的GDP统计方法与中国不同，因此，对于中国的情况还不能轻易下结论。

7. “……有的仅仅是要求我们对外释放买回股份的消息，以借此拉抬公司股价（或阻止股价进一步下滑），一点也不关心公司的实质价值。我们认为若是这些人明天就打算出售股份，那么这样的想法还算合理，至少就他本身立场而言。然而要是他根本就没打算出售持股，则他应该祈祷公司的股价进一步下滑，好让我们有机会可以进场买回足够的股份。这是伯克希尔唯一有可能借由买回股份以增进股东权益的情况。”

“请大家特别注意一点，我们绝对不会为了要阻止伯克希尔股价下滑而买回股份。”

解读：买回自家股票的目的是为了提升股东价值，而非阻止股价下跌。很遗憾，当今很多上市公司的做法则是完全相反。

一鸟在手和二鸟在林：2000年致股东的信

“二鸟在林不如一鸟在手”来自著名的《伊索寓言》，巴菲特用此来解释投资中如何看待现金，如何估值。“一鸟在手”，即抓在手中的鸟，如现金股利；“二鸟在林”，即躲在林中的鸟，可能随时飞走，如公司的留存收益。当然，对于投资者来说，抓在手里的才是实实在在的。在评估公司内在价值时，不是单单看股利报酬率或成长率有多高，公司真实的未来现金流才是问题的核心。

1.“卖方是否在意公司将来的归属其实相当重要。我们喜欢与那些爱公司，而不只是斤斤计较出售公司能够得到多少钱的人往来（当然我们也明白没有人会不爱钱）。这通常代表这家公司拥有相当重要的特质：诚实的账目、优质的产品、对客户的尊重以及一群忠实的员工。……而当一家公司的老板表现出一点都不在乎公司死活时，公司的上上下下一定也会感受到这种气氛，使得其态度与行事作风都跟着转变。”

“一家经典企业，往往是由一个企业家终其一生，甚至是好几代，无微不至，用心经营才得以建立。对于老板来说，接手的人是否能够承续过去辉煌的历史是相当重要的一件事。关于这点，查理跟我相当有信心，伯克希尔绝对可以为这些企业提供一个美满的归宿。”

解读：一只路上捡回来的小狗，如果只跟了主人几天，之后就跑丢了，主人不会太在意。但是如果这只小狗每天陪伴主人左右，和他一起历经风雨，却在数年后的某一天突然消失不见了，主人一定是心急火燎的。同样的道理也适用一家公司。

2. “许多人以为股票是伯克希尔投资时的第一选择，这样的想法不太正确。自从 1983 年我们公开揭露经营准则后，就一再表示，我们偏爱买下整家公司而非部分股权，其中一部分原因是私人理由，那就是我喜欢与这些经理人一起共事。”

“当然，除此之外还有一个重大的财务理由，跟税负有关。根据税法规定，持有 80% 以上的股权比起拥有少数股权对伯克希尔要有利得多。当一家完全由我们持有的公司税后赚了 100 万美元，这笔钱将全数纳入我们的口袋。伯克希尔不会因为收到股利而被征收任何税。而且如果我们将盈余全数保留，之后再把这家子公司出售——当然伯克希尔不可能做这样的事——那么就算之后的卖价超过 100 万美元，我们也不必为此支付任何资本利得税。原因在于我们在税法上的成本，包含了先前买下该公司的成本以及以后年度保留的所有盈余。”

解读：避免“双重征税”是巴菲特愿意买下一家公司全部股份的重要原因之一。但目前在中国，无论持股比例是多少，都避免不了“双重征税”。

3. “亘古至今，这个评估所有金融资产投资的公式从来就未曾改变。”

“奇迹之一就在伊索寓言里，那历久弥新但不太完整的投资观念，即‘二鸟在林，不如一鸟在手’。进一步诠释这项原则，你必须再回答三个问题：你如何确定树丛里有鸟儿？它们何时会出现，同时数量有多少？无风险的资金成本是多少？（这里我们假定以美国长期公债的利率为准。）如果你能回答以上三个问题，那么你将知道这个树丛最高的价值有多少，以及你可能拥有多少鸟儿，当然小鸟只是比喻，真正的标的还是金钱。”

“伊索的投资寓言除了可以进一步解释成资金，也可以用在农业、油田、债券、股票、乐透彩票以及工厂等。就算是蒸汽引擎的发明、电力设备的使用或汽车的问世，都不会改变这样的定律，就连互联网也一样。只要输入正确的数字，你就可以轻轻松松地选择出资金运用的最佳去处。”

解读：二鸟在林，是否不如一鸟在手，取决于巴菲特所提出的三个问题。把鸟换成资金则变成了以下三个问题：第一个问题，如何确定公司的现金流？第二个问题，这些现金流何时会出现，同时现金净流量是多少？第三个问题，无风险利率是多少？资金的最佳去处，通过上述三个问题，就可以轻松决定。

4. “一般的准则，诸如股利报酬率、市盈率，甚至是成长率，除非他们能够提供一家企业未来现金流入、流出的任何线索，否则与价值评估没有一点关联。如果这项投资计划早期的现金流出大于之后的现金流入折现值，成长甚至对价值有损。有些市场的分析师与基金经理人信誓旦旦地将‘成长型’与‘价值型’列为两种截然不同的投资典型，可以说是无知。成长只是一个要素，在评估价值时，可能是正面，也有可能是负面的。”

解读：那些简单的财务比率，诸如市盈率、市净率等，并不能用来真正衡量公司的价值。而缺乏现金流的成长，往往会给公司价值带来负面影响。

5. “虽然伊索寓言的公式与第三个变量——资金成本，相当简单易懂，但要弄清楚另外两个变量却相当困难。想要明确算出这两个变量根本就不可能，求出两者可能的范围倒是可行的办法。”

“只不过范围过大通常会导致结论模棱两可，而且估计越保守，所得出的价格相较于价值越低，也就是树丛最终出现鸟儿的数量（我们姑且把这个现象称之为树丛无效率理论）。可以确定的是，投资人除了必须对一家企业的经营有一定的了解外，还要有能力独立思考以获得确凿的肯定结论。除此之外，投资人不需要其他什么大道理或歪理论。”

解读：企业未来现金流的时间与具体数量是无法准确预估的，但是在充分了解公司的前提下，大概预测是可以的。

6. “另一个极端，很多时候，即使是最聪明的投资人都没有办法提出小鸟确实会出现的证据，即使是在最宽松的假设下仍是如此，这种不确定性在检验新事业或是快速变化的产业时尤其明显。在这种状况下，任何资金的投入都难以逃脱投机的嫌疑。”

解读：对于一些变化过于迅速的行业而言，预测未来现金流是极其困难的事情。这时候很难衡量到底是一鸟在手好，还是两鸟在林好。

7. “投资与投机之间永远是一线之隔，尤其是当所有市场的参与者都沉浸在欢愉的气氛当中时。再也没有比得到大笔不劳而获的金钱更能让人失去理性的事情了。在体验这种事之后，再正常的人也会像参加舞会的灰姑娘一样被冲昏了头脑。他们明知在舞会中多待一会——继续将大笔资金投入投机的活动——南瓜马车与老鼠车夫现出原形的概率就会越高，但他们还是舍不得错过这场盛大舞会的任何一分钟。所有人都打算等到最后一刻才离开，但问题是这场舞会的时钟根本就没有指针！”

“更夸张的是，目前的市场参与者对于一些长期而言明显不可能产生太高价值甚至根本就没有任何价值的公司，给予极高的市值评价。然而投资人依然被持续飙涨的股价所迷惑，不顾一切地将资金投入这类企业，这情形就好像是病毒一样，在机构投资者与散户间广为散播，从而引发不合理的股价预期。而这又与其本身应有的价值明显脱钩。”

“伴随这种不切实际的情况而来的，还有一种荒唐的说法‘价值创造’。我们承认，过去数十年来，许多公司确实为这个世界创造出许多价值，而且这种情况还会继续发生。但我们打死都不相信，那些终其一生不赚钱，甚至是亏钱的企业能够创造出什么价值，他们根本是摧毁价值，不管在这期间他们的市值曾经有多高都一样。”

解读：在2000年美国股市的投机狂潮中，人性贪婪的一面再次暴露无遗。虽然每一次都有一个新故事，但是投机游戏的本质却从未改变过！这样的状况在A股市场同样屡次上演，值得每位投资者警惕。在每一次的泡沫浪潮中，财富创造没见到多少，财富转移倒是实实在在地大规模发生了。

8. “查理跟我认为CEO预估公司未来成长率是相当危险且不当的。”

“CEO自己心中有一个目标不是件坏事。……但如果一家大公司公开宣称每股盈利长期可以维持15%的年成长率的话，那肯定会招致许多不必要的麻烦。”

“其原因在于这种高标准只有极少数的企业才有可能做得到。……1970—1980年代，200家盈余最高的公司中，计算到底有几家在此之后能够继续维持15%的年盈余成长率，你会发现，能够达到这个目标的公司少之又少，我可以跟你打赌，2000年获利最高的200

家公司当中，能够在接下来的20年，年平均成长率达到15%，绝对不超过10家。”

解读： 企业管理层在年报中预估公司盈利，会带来极大的道德风险，管理层很有可能为了达到当初的预计而进行盈余管理，乃至财务造假。实际上，一家公司的盈利长期维持15%以上的增长率，是非常困难的。

9. “过高的预估不但造成没有根据的乐观，还会导致CEO行为的腐化。查理跟我已经看过很多CEO不专注于本业而热衷于运用一些非经济手段来达成先前所做的盈余预估。更糟的是，在用尽营运上的各种手段之后，被逼得走投无路的经理人最后还会运用各种会计方法做假账。”

解读： 为了实现盈利预估而在公司财务上寅吃卯粮的CEO们，甚至会发展为贪污，乃至锒铛入狱。

未来不可预测：2001年致股东的信

无论是投资还是经营保险业，巴菲特都秉持一个基本判断，即未来是不可预测的，因此不能仅仅基于过去的经验来做决策。投资如此，经营保险业同样如此。

1. “……规模或品牌并非保险公司获利的关键，事实上，许多知名大公司的业绩表现大多平平。这个行业最要紧的是承保的纪律原则，真正成功的公司必须坚守以下三项重要原则：第一，他们只接受能够妥善衡量的风险（也就是谨守自己的能力范围）。……这些公司从来不以市场占有率为目的，同时在看到同业为抢夺客户而杀价竞争或提供不合理的理赔条件时，也不会跃跃欲试。第二，要严格限制承接的业务内容，以确保公司不会因为单一意外及其连带事件而积累理赔损失，导致公司的清偿能力发生危机。同时不遗余力地寻找任何看似不相关的风险之间彼此可能的潜在关联。第三，避免涉入可能引发道德风险的业务，不管其费率多么诱人。”

解读：规模或品牌都不是保险公司获利的关键，严格的承保纪律才是保险公司获利的核心竞争力。实际上，承保纪律与投资时需要恪守的纪律也是极其相似的。

2. “9·11 事件的发生，证明在通用再保，我们对于第一条与第二条的执行力相当差。在设定费率及评估累计的可能风险时，不是忽略就是低估了大规模恐怖事件发生的可能性，那是一项相当要紧的承保因素，偏偏我们竟把它给忽略了。”

“简而言之，产险业的所有从业人员都犯下了最基本的承保错误，那就是过于注重过去的经验，而未顾及真正暴露的风险，其结果导致我们在承担庞大的恐怖分子活动风险的同时，却没有为此收取任何一分的保费。”

解读：仅仅依靠过去的经验并不能保证控制全部风险。对于人类，永远存在“未知的未知”，因此，顶尖投资人需要对风险具备敏锐的嗅觉。

3. “或许有人会问，为何我不在9·11 事件发生之前，就提出这项警讯。我的回答是：我确实想到了这点，可惜并未将想法转化为具体行动。关于这点我严重违反了诺亚的原则，‘能够准确预测下雨不重要，重要的是要去建方舟’。我等于是让伯克希尔在相当危险的情况下经营，尤其是通用再保险公司。而且我必须承认，截至目前我们还在免费为大家承担不可预测的风险，所幸这种情况已经随着时间在慢慢减少。”

解读：基于未来不可预测，构建预防灾难的“方舟”比预计何时发生灾难更重要。

4. “这就是关键，就像是我们在投资时一样，保险业者想要有优异的长期业绩，依靠的不是少数的成功个案，而是如何持续避免做出愚蠢的决定。”

解读：一步一个脚印，稳扎稳打，避免犯错，是成功的重要保障。对于巴菲特来说，经营保险业与做投资一样，短期或一时的得失并不重要，重要的是在长周期内做正确的事。

5. “不当使用的名词是正确思考的敌人。当一家公司或基金经理人使用诸如EBITDA（扣除利息税负及折旧摊销前的盈余）及pro forma（拟制）等名词时，通常代表他们意图引导你错误地接受某些有着严重偏差的概念。”

解读：很多专业名词其实是投行用来忽悠客户的。

6. “就算公司有足够的诚意，还是很难保证能够适当地计提损失。我曾经说过一个关于一位旅居海外人士的故事：话说有一天，这位仁兄接到姐姐告知父亲过世的消息。他回复可能无法回到家乡参加父亲的葬礼，但愿意负担所有的丧葬费用。后来他果然收到一张4500美元的账单，他马上付清了。可是不久之后，他又收到一张10美元的收据。月复一月，皆是如此。他不解地问姐姐到底是怎么回事。他姐姐回复道：‘哦，我忘了告诉你，爸的寿衣是租来的。’”

“在保险业经营中，有许多这类租来的寿衣，有时候这类问题甚至会隐藏数十年不被发现，但一发就不可收拾。……保险世界的意外，对于盈余的影响通常不会非常一致。”

解读：保险公司的责任损失计提是非常有难度的会计估计，诸如“租来的寿衣”这类费用，实在是伤透了会计师的脑筋。

7. “关于投资还有一点要说明，报刊媒体经常报道‘巴菲特正在买进’这只或那只股票。其中大多是媒体经由伯克希尔向主管机关申报的文件中推敲出的。这些报道有时正确，但有时伯克希尔申报的交易也有可能是卢·辛普森的杰作，他独立管理GEICO 20亿美元的投资部位。”

解读：仅仅通过伯克希尔向主管机关申报的交易资料，并不能判定某些股票一定是巴菲特买进或卖出的。目前，能影响伯克希尔股票买卖的人更多了。

金融衍生品的危害：2002 年致股东的信

巴菲特在信中指出衍生性金融商品存在重大潜在风险，并对这些衍生合约爆发风险的机制进行了详细分析。他对衍生性金融商品的态度是非常明确的，即远离复杂性衍生金融商品。此外，从确保股东利益的角度出发，巴菲特指出了现有独立董事制度的弊端——公司虽然支付了大量费用，但独董却并没有维护股东利益的动力。因此，从股东利益角度出发，巴菲特为伯克希尔的独董选择提出了不同的标准。

1. “伯克希尔购并了几项重要的新事业，其产业竞争力在各自的业界均数一数二，并由优秀的经理人所管理。这些特点是我们‘进入’策略的关键的两只脚，而合理的价格则是第三只脚。不过不同于一般杠杆购并者（LBO）及私人投资银行，我们并没有所谓的‘退出’策略。在买进以后，我们就把它们好好地放着，这也是为何伯克希尔往往成为许多卖方及其高管心目中的首选，有时甚至是唯一的选择。”

解读：对于购并公司而言，巴菲特是没有退出策略的。其中一个重要原因是其源源不断的资金来源，导致其总是有大量的资金等待投资，因此不需要轻易出手套现已投资的公司。

2. “关于去年的结果，我还有一点要补充：如果你经常阅读最近几年上市公司的财务报表，会发现满是‘拟制性盈余’。这种报表所显示的盈余数字往往远高于注册会计师的审核数。公司高管会告诉股东们，‘不要理这个，不要管那个，只要算那些会让盈余数字好看一点的就好了’。而管理当局对于这类‘过去种种，跟昨天类似’的现象年复一年地出现，早就习以为常，一点都不会感到脸红。”

解读：很明显，公司高管们是在通过所谓的“拟制性盈余”，也就是扣除了各种他们认为的“非经常性损益”后的盈余，来人为地拉高年度利润。

3. “如果我们的保险事业长期以来想要产生低成本的浮存金，必须要做到以下几点。(a) 必须有毫不妥协的承保纪律。(b) 稳健保守的计提准备。(c) 避免那些看起来‘不可能发生’的意外所累积的风险部位影响到公司的偿债能力。”

解读：任何保险业的管理人员甚至投资界人士，都应牢记以上三点！这些纪律，巴菲特在致股东的信中不止一次提出，可见其重要性。

4. “在伯克希尔，我们特别强调成本意识，我们的模范是一位准备刊登丈夫讣闻的寡妇。报社告诉她，每一个字要二毛五，于是她要求刊登‘Fred 死了’。但报社又表示每则至少要七个字，于是这位悲伤的妇人回复，那就改为‘Fred 死了，售高球证’。”

解读：这成本控制，简直帅呆了！

5. “对于衍生性金融商品以及其他附带的交易，查理跟我的看法完全一致，我们认为不论是对参与交易的双方或者是整个经济体系而言，它们就像是一颗颗定时炸弹！”

“除非衍生性金融商品交易有质押担保或是附带保证，否则其最终的价值还必须取决于交易双方的履约能力。虽然在交易正式结算之前，交易双方都会随时在各自的损益表上记录盈亏，且其金额通常都相当庞大，即使实际上还没有任何一元钱发生移转。”

解读：不论金融衍生品之前的会计账目如何处理，衍生品最终的结算依赖于交易对手的履约能力。从根本上讲，金融衍生品是一种交易对手之间的对赌行为。

6. “当初我们在买下通用再保险时，该公司有一家附属的通用再保险证券。这是一家衍生性金融商品经纪商。查理跟我认为它具有相当的危险性，所以并不想保留这个部门，于是试图将这个部门出售，但并没有成功。最后只好将它慢慢清算。”

“但想要关闭一个衍生性金融商品部门谈何容易。想要摆脱它的纠缠可能要耗费很多年（虽然我们正逐日降低所暴露的风险）。事实上，再保险业与衍生性金融商品交易有点类似，两者都像是地狱一样，并没有多大的进入障碍。但想要退出却难如登天。一旦签了约，你就摆脱不了它，有时甚至要等到几十年后，才突然冒出来，要你支付一大笔钱。确实也有些法子可以让你将风险转嫁给别人，但大多数的做法还是无法让你免除连带的责任。”

解读：衍生性金融品一旦签了约，或者说一旦签了金融性的对赌协议，想要解除协议就很难了，往往要付出一大笔费用。

7. “再保险业与衍生性金融商品交易的另一个共同特点，就是两者的账面盈余通常都存在过度高估的情况。这是由于目前的盈余，大多系于许多未来的未知变量，而其正确性需要很多年后才能揭晓。”

“交易双方有极大的动机在会计账目上做手脚。因为这些负责买卖衍生性金融商品的人士，其报酬（全部或部分）往往取决于依市价结算的账面盈余。但现实的状况是那个市场根本不存在，所以取而代之的是‘依公式结算’——这种做法有极大的漏洞。……在最夸张的状况下，所谓的‘依公式结算’极可能沦为‘依鬼话结算’。”

解读：衍生性金融商品交易的一个重大问题，就是交易双方都会利用有利于自己的估值方法，高估这项交易的当期盈利。因此，常常出现交易双方都获得可观的账面盈利的可笑结果。而真正的交易结果，只有等到合约真正结算那天才能知晓。

8. “衍生性金融商品交易的另一项问题是，它可能因为一些毫不相关的原因，让一家公司的问题更为加重。这种滚雪球效应之所以会发生，主要在于许多衍生性金融商品交易的合约，都要求对方一旦其信用评级遭到调降，必须立刻提供质押担保给交易对手。大家可以想象，当一家公司面临困境而被调降信用评级的同时，衍生性金融交易对手却又立即登门，要求提供事先完全没有设想到的且金额庞大的现金时的情景。此举可能让公司进一步陷入流动性危机，通常这又会让公司的信用评级再度向下调降。恶性循环的结果可能导致一家好公司因此垮台。”

解读：衍生性金融商品的这种落井下石的条款，进一步放大了交易双方面临的潜在风险。此外，风险爆发的“骨牌效应”以及缺乏有效的中央监管机制，使衍生性金融商品具备了触发大规模系统性风险的能力。

9. “即便是经验老到的投资者及分析师，看到这类布满衍生性金融商品交易公司的财务报表时，也束手无策。记得当查理跟我在看完几家大型银行有关衍生性金融商品交易冗长的财务报表附注时，唯一可以确定的是，我们根本就不晓得这些金融机构到底承担了多少风险。”

解读：巴菲特对衍生性金融商品的态度是非常明确的，即远离复杂性衍生金融商品，因为其风险不可估量，且可能巨大。

10. “查理跟我现在对于股票退避三舍的态度，并非天生如此。事实上，我们非常喜欢投资股票——如果价格合理。在我61年的投资生涯中，大约有50个年头以上，都有这样的机会出现。我想以后也还会有相当多类似的机会。只不过，除非是我们发现至少可以获得税前10%报酬的概率相当高时（在扣除企业所得税后，净得6.5%到7%的报酬），否则我们宁可在旁观望。虽然必须忍受短期闲置资金不到1%的税后报酬，但成功的投资本来就必须要有耐性。”

解读：如果投资标的潜在的回报率不能达到内定的数字，就绝不出手。这是巴菲特多年以来的投资纪律。当前内定的10%的投资回报率，已经比当年的15%低了不少，这主要是伯克希尔公司规模已变得太大的原因。

11. “投资垃圾债券跟投资股票在许多方面很相似。两者都需要评估价格与价值比，并在成千上万个标的中挑选出少数风险/报酬比率的最佳者。当然两者在原则上也有许多明显的不同，在投资股票时，我们预期每一笔投资都会成功，因为我们已将资金锁定在少数几家财务稳健、具备竞争优势并由德才兼具的经理人所经营的公司身上。如果我们以合理的价格买进这类公司时，损失发生的概率通常非常小。确实，在我们经营伯克希尔的38年当中（扣除通用再保与GEICO的投资），投资获利的个案与投资亏损的比例约为100比1。”

“但在投资垃圾债券时，我们面对的企业体质就比较差了。这些公司通常都背负大笔的负债，同时所处产业的投资报酬率都相当低。此外，管理当局的素质有时也有问题，其利益有时甚至与债权人相冲突。因此我们预期这类投资难免会出现亏损，所幸到目前为止，我们在这部分的投资业绩还算相当不错。”

解读：股票投资要适当集中，而垃圾债投资则要尽量分散。过去38年来，巴菲特投资股票的盈亏比是100∶1，不愧是殿堂级的投资大师！

12. “对于目前外界大声疾呼的‘独立董事’制度，理论上，公司必须要有在思想与言论上独立的董事。但他们同时也必须具有丰富的商业经历、积极的态度，并以股东利益为导向。我在1993年就曾提到，这是我个人认为绝对必要的三项特质。”

“过去40多年来，我曾经担任过19家公开上市公司的董事（伯克希尔不算在内），同时至少跟250位以上的董事互动过。他们其中多数都符合目前‘独立董事’的标准。但这些董事大多至少缺乏我所提到的三项特质之一，导致他们对于股东利益的贡献微乎其微，甚至常常有损股东的利益。这些人虽然彬彬有礼且学识渊博，但对于产业的了解却极其有限，同时也不会站在股东的立场去质疑不当的购并决策或不合理的薪资报酬。至于我个人的表现，我必须坦承，往往也不够好。当公司管理层做出有违股东利益的提案时，通常我只能选择沉默以对。在这种状况下，和谐感战胜了独立性。”

解读：对于那些股东结构分散的公司而言，董事会与CEO之间的和谐状况超出我们的想象。迫于各种有形或无形的原因，董事成员往往对一些CEO损害股东利益的行为视而不见。即便是一向以股东利益为重的巴菲特，在董事会中也经常对有损股东利益的提案默不作声。可见董事会文化中的顽疾之深。

13. “当基金经理人非常在意的事而董事却漠不关心时，就需要有一股强而有力的反制力量，这正是目前公司治理最缺乏之处。想要能够摆脱平庸CEO的纠缠，寻找真正的能人取而代之，股东们，尤其是大股东，必须要站起来有所行动。这并不是什么大道理。近年来股权的集中程度有增无减，机构投资法人在面对问题时，可以很容易依照自己的意愿提出解决方案。只需要少数，如20家大型的投资机构联合采取行动，就可以有效地改革任何一家公司的企业治理。……就我个人的看法，唯有采取这种团结一致的行动，才可能让企业治理获得明显改善。”

解读：只有大型机构投资者们联合起来，才能给CEO们以真正的制衡。

14.“目前正在修正并渴望于近日通过的法令，势必要求伯克希尔的董事会进行改组。在原本的董事之外增列符合‘独立性’法令规范的独立董事，为此我们认为还必须增加另外一项相当重要但也不是那么绝对的要求，以认定其独立性。我们将选拔真正拥有重大权益(也就是其本人或家族亲自投资，而不是由伯克希尔给予的认股权股份)，以确保其真正会为了自身的权益而不是名望或董事酬劳来决定其做法。”

解读：俗话说，“拿人家手短，吃人家嘴软”。高薪聘请来的且不主动持有公司股份的董事，想维持“独立性”谈何容易。

15.“在伯克希尔，为了避免董事报酬占其个人收入的比例太高，我们仅象征性地支付一点报酬。此外，为了不让董事们规避公司发生重大经营意外的风险，我们也不提供董事经理人责任保险（虽然这在一般公司并非常态，但每年却也为公司节省了好几百万美元的保险费用)。基本上，我们希望董事们的行为想法跟在处理自家财务一般小心谨慎，而不只是着眼于董事报酬。”

“为了寻找新任董事，我们会先从现有股东名单中着手，挑选个人及家族长期拥有大量伯克希尔股份的股东，金额绝对以百万计。”

解读：巴菲特不但要求董事们主动持股，还必须要是“长期持股，且金额重大”。这样的董事会成员想让他不关心公司都不行。大股东如果有损害小股东利益的行为，董事们也一定会放弃“和谐”，挺身而出。

16. “复杂难懂的财务报表附注，通常暗示管理当局不值得信赖。如果你根本就看不懂附注或管理当局的解释，通常代表管理当局压根就不想让你搞懂。安然对某些交易过程的说明，到现在还让我相当困惑。最后要特别小心那些习惯夸大盈余预测及成长预期的公司，企业很少能够在一帆风顺、毫无意外的环境下经营，所以盈余也很难按照当初预计般稳定成长（那只有券商提供的公开说明书才看得到）。”

解读：读不懂的财务报表与每每都能达到的盈利预测，可谓是投资者的两大天敌。

独立董事应有的素质：2003 年致股东的信

关注所投资公司本身的发展与经营、管理一直是巴菲特的核心，而非研究市场的变化。因此，CEO 的薪酬设计、独立董事应具备的素质等，看似与投资无关的话题，在巴菲特看来，都是一个合格投资人需要关注的。

2002 年，伯克希尔首次进入外汇市场，在 2003 年的信中，他阐述了看空美元的原因。

1. “我们很容易理解薪资给付为何会失去控制。当管理层招聘员工或是公司与供货商讨价还价时，双方的利益属于零和游戏，一方得利就等于另一方的损失。中间牵涉的利益对彼此都极具意义，所得结果一般都较为公正。但是当 CEO（或是其代表）与薪资委员会谈到报酬时，则 CEO 对于最后敲定的条件远较另一方更在意。比如，CEO 可能会对是否能多争取 10 万股的认股权或是 50 万美元的年薪而耿耿于怀。然而对于身为配角的委员会来说，这样的差异看起来似乎无关紧要。尤其是对大部分公司来说，给或不给，对于公司的盈余报表不会有任何影响，在这样的情况下，谈判的过程往往带点数字游戏的性质。”

“CEO越轨的行为在1990年代更是变本加厉。一旦某个离谱的薪资报酬方案被采纳，其他经理人立刻就会跟进。助长这种贪婪习气的往往就是那些人力资源顾问与公关部门。他们很清楚谁才是喂奶给他们喝的娘。”

解读：同样是打工的，CEO们对薪资的谈判权却比普通员工们大得多。从根本上讲，这依然是企业治理的问题。

2. “真正的独立，代表的是当企业发生错误或是愚昧的事情时，董事有勇于挑战强势总裁的勇气。这是担任董事必须具备的最重要的特质之一。”

“除了要维持独立性，董事们也必须具备丰富的商务经验、以股东利益为导向再加上在这家公司拥有真正的利益，在这三个条件中，第一项尤为难得，如果缺乏这一项，其他两项的作用就不大。社会上有许多聪明、有思想且受人景仰的知名人物，但他们对企业却没有充足的了解。”

解读：独立、专业，并以股东利益为导向，这是成为优秀董事的基本条件。巴菲特多次提到这一问题，可见在当时独立董事的问题有多严重。

3. “如果在看到我们处理衍生性金融商品的糟糕经验，加上房地美去年被揭发大规模的舞弊行为后，你开始怀疑这方面的会计原则，这就表示你变聪明了。不管你具备多丰富的金融知识，你都无法通过阅读这些从事衍生性金融商品公司的相关揭露文件，了解它到底背负了多少潜藏的风险。事实上，你越了解这些衍生性金融商品，就越知道这些格式文件传递给你的信息是多么有限。套句达尔文的话：初生牛犊不怕虎。越无知胆子越大，越有经验就越怕死。”

解读：真可谓是衍生性金融商品猛于虎啊！值得一提的是，这里提到的爆出舞弊丑闻的房地美公司，巴菲特曾两次买入其股票，一次是通过伯克希尔的控股子公司，不久便获利卖出。第二次则是大量买入，并到了法律规定的投资上限，可见在巴菲特眼中，房地美也曾是好公司。但在2000年，巴菲特却全部出清该股。对此，巴菲特的粉丝也提出了各种猜测。从这一年的致股东信，可以知道，对金融衍生品风险的担忧，应该也是他在2000年出清房地美的原因之一。

4. “2002年，我们首度进入外汇市场，2003年，进一步扩大了这方面的部位。主要原因是我长期看空美元。我必须强调的是，预言家的墓地有一大半都躺着宏观经济分析家。在伯克希尔，我们很少对宏观经济做预测，我们也很少看到有人可以长期做出准确的预测。”

“展望未来，我们仍然会将伯克希尔大部分的投资放在美国。然而近年来，我们国家的贸易赤字持续强迫其他国家吸收美国的债权与资产。曾经一度，由于外国对于这类资产的兴趣从而消化了这类供给。但是到了2002年，全世界开始吃撑到吐，使得美元相对于其他货币开始贬值。然而汇率的变动却无法有效解决贸易赤字，所以不管外国投资人愿意与否，他们手上仍将抱满美元，其结果大家很容易想象，最后还是会对外汇市场造成困扰。”

解读：美国巨额的贸易赤字是巴菲特开始看空美元的重要原因。

看空美元，加大外汇仓位：2004年致股东的信

巴菲特在信中再次详细阐述了看空美元的原因。同时，对于美国日渐严重的贸易赤字问题，巴菲特也表达了担忧。虽然对美国仍充满信心，但因贸易政策，他继续看空美元。

1. “过去35年，美国企业的成绩单可谓优异，按理说投资人也应该获得丰厚的回报——只要大家以分散且低成本的方式搭顺风车投资即可。事实上，指数型基金同样可以达到这样的目的，但为什么实际上大多数投资人的成绩却惨不忍睹呢?”

“我认为这其中主要有三个原因，第一是交易成本太高，投资人往往交易过于频繁，或者在投资管理之上花费较高。第二，投资决策往往基于小道消息而非理性量化的企业评价。第三，潜尝辄止的方法加上错误的介入时点。如在多头上涨多时的高点才介入，或是经历一阵子的盘底走势后低档退出。投资人必须谨记，过度兴奋与过高的交易成本是其大敌。而如果大家一定要投资股票，我认为正确的心态应该是，当别人贪婪时要感到恐惧，当别人恐惧时要感到贪婪。”

解读：频繁交易与情绪的过度波动是投资者的大敌。美国股票市

场的很多投资者，在过去几十年来的大好光景下，依然被这两点所拖累。

2. “我们的失败再度突显了一项原则的重要性，**那就是别把事情搞得太复杂，尽量让事情简单化**。这项原则广泛运用于我们的投资以及经营。如果某项决策只有一个变量，而这个变量有九成的成功概率，那么很显然，你就会有九成的胜算。但如果你必须克服十项变量才能达到目标，那么最后成功的概率将只有35%。”

解读：一件事情的变量越多，成功的概率就越小。去繁从简，减少变量是成功的关键。这一原则在巴菲特做投资、经营保险公司的过程中处处可见。

3. “大家一定要搞清楚一点，投资外汇不代表我们在唱衰美国。”

“但就像我在2003年11月10日在财富杂志发表的文章所提到的（大家可在伯克希尔的官方网站上找到），我们国家现今的贸易政策终将拖垮美元。美元价值目前已大幅下滑，且没有任何好转迹象。若政策不改，外汇市场脱序的情况将不断发生，并在政治与金融方面产生连锁效应。虽然没有人保证影响的层面有多广，政治人物却不得不正视此问题的严重性。但政客们目前所采取的态度却是刻意忽视，一项厚达318页的贸易赤字评估报告2000年11月在国会发表时，曾引发轩然大波，当时美国一年的贸易赤字达到2630亿美元，去年贸易赤字却已达6180亿美元的历史新高。”

“当然必须强调的是，查理跟我都相信，真正的贸易，也就是与他国交换货物与服务的行为，对于彼此都有相当大的益处。去年光是这类贸易总额就达1.15万亿美元。但除此之外，我们另外又向外国多采购了6180亿美元的产品与服务，这笔居高不下的数字将引发严重的后果。”

解读：对美国贸易赤字的担忧，令巴菲特加大了做空美元对冲风险的仓位。

4.“单一方向的虚拟交易，在经济学上总有对价。维持均衡的结果就是本国的财富移转到国外，其形式有可能是由私人企业或政府部门所发出的借据，或者是出让股票或房地产的所有权。不管怎样，此举将造成美国人拥有自家资产的比例逐渐下滑，平均每天以18亿美元的速度流失，这数字比去年同期又增加了两成。目前外国人累计持有我国资产已达3万亿美元，在十年前这项数字还微乎其微。”

“上万亿元对一般人来说或许是遥不可及的天文数字，更让人容易搞混的是目前的‘经常性账户赤字’（由三个项目组成，其中最重要的项目就是贸易逆差），这与我国的‘预算赤字’，并称为‘双胞胎’。但两者的成因不同，造成的影响也不同。”

“预算赤字仅会造成本国内财富的重分配，别的国家与人民不会增加对我们资产的所有权，也就是说，就算是赤字飙上天，国内所有的产出所得，仍将归我国国民所有。”

“当一个国家强盛富庶时，美国人民可通过国会议员来争取如何分配国家产出，也就是谁必须付税而谁可以得到政府的补助。如果开出的支票过于泛滥，家族成员便会激烈地争辩谁将受累，或许会以调高税赋应对，或许开出的承诺会做些调整，也或许会发更多的公债。但一旦纷争结束，家中所有的饼不管怎么分，依旧是由所有成员来分享，绝不会有外人进来分一杯羹。”

“但目前积重难返的经常账户赤字将改写整个游戏规则。随着时间推移，债主将一一上门，将我们的收入瓜分殆尽。其结果是世界上其他国家的人从我们身上抽取的税捐一天比一天高。而我们就像是一个入不敷出的家庭。并且慢慢会发现，辛苦的工作所得，终将被债主吸得一干二净。”

解读：财政赤字（预算赤字）的实质仅仅是国内居民的财富分配，但贸易赤字却是外国人与美国人之间的财富分配。

5. “赞成维持现状的支持者喜欢引用亚当·斯密的话说：如果每个家庭的做法都正确无误，那么整个国家的方向就错不了。如果外国人能够生产出比我们自己还要便宜的东西，那当然是用我们自家产出较具竞争优势的东西拿来交换。”

“我同意这一点。但是请注意，斯密先生的说法，指的是以物易物，而不是拿家产来交换。尤其是当我们一年要典当6000亿美元的资产时。同时我相信他也不赞同家人以变卖资产的方式来弥补过度消费的缺口。很不幸，这正是当今最伟大的国家——美利坚合众国正在做的事。”

“换个角度来说，如果美国现在享有的是6000亿美元的贸易顺差，其他国家一定会立刻跳出来谴责我们的贸易政策，将之视为重商主义——也就是长久以来，为人所诟病的鼓励出口、压抑进口、囤积财富的经济政策。我也不赞同此法。……截至目前，大部分的外国人还是相当乐观，他们认定我们是花钱如流水的败家子，而且是极其富有的败家子。”

解读：通过打欠条（负债）的方式以物易物的国家，总有一天会达到信用额度的上限。

公司治理机制的缺陷：2005 年致股东的信

改革开放以来，在中国的大学校园，经济学科领域的学子，接受的大多都是西方经典的经济学和管理学教育，其中不乏现代公司治理制度、企业薪酬设计、公司股权激励等经典理论。但如果你读了这一年的致股东信，就会看到，很多所谓的经典制度设计并不完美，并且可能是错误的。巴菲特在信中强调美国公司的高管薪酬设计不合理，主要是认股期权激励制度的设计不合理。这样的薪酬设计，是在损害股东的利益。因此，不仅要学习经典理论，更要独立思考。

1. “请记住，Gen Re 在 1990 年设立衍生品交易部门，是为了满足保险客户的需求，但 2005 年清算的合约中，有一个期限竟然是 100 年……一个根据假想的数据计算出拥有巨额报酬流入的业务，很明显将危机四伏。”

解读：超长期限的衍生性金融商品为交易双方的估值留下了很大的余地。作为交易对手的双方同时预估自己盈利，这是对金融衍生品估值最大的讽刺。

2. “每一天，通过无数种方式，我们下属每一家企业的竞争地位要么变得更强，要么变得更弱。如果我们让客户更加愉悦、消除不必要的成本支出、改善我们的产品和服务，竞争力就会更强。如果我们对待客户时冷淡或者容忍不必要的费用成本不断上升，竞争力就会萎缩。”

“这些几乎毫不显眼的行为，使我们的长期竞争地位得到改善时，我们称这种现象为‘加宽护城河’。这些行为对于我们想要打造10年甚至20年以后的企业至关重要。当然，我们总是想在短期内赚到更多的钱，**但当短期与长期目标冲突时，加宽护城河应该优先考虑**。如果一个公司管理层做出糟糕的决策以实现短期盈利目标，并因此置成本、客户满意度、品牌吸引力于不顾，那么，以后再出色的努力也难以弥补由此造成的损害。当今汽车和航空行业的公司经理人在努力处置其前任留下的问题时所面临的进退两难的局面就是最好的证明。芒格和我喜欢引用本·富兰克林的名言：‘预防为主，治疗为辅。’但有时无论如何治疗，也无法治愈过去的错误。”

解读：加宽一家公司“护城河”的因素大多是无形的，但对企业的长期发展来说，却是至关重要的。没有“护城河”的公司，所有的利益终将付诸东流。当有形的短期利益与无形的长期利益冲突时，伟大的公司大都是选择放弃短期利益。

3. “不要期望我们的证券投资组合会出现什么奇迹，尽管我们主要持有一些实力强大且盈利能力很高的企业，但其股价根本谈不上便宜。作为一个整体，它们可能会在10年后价值翻番，一种可能性是下一个十年他们的每股收益总体上将每年增长6%～8%，其股价将或多或少与每股收益的增长相近（当然这些公司的经理人会认为我的预期过于保守，我希望他们是对的）。”

解读：长期看，在公司的估值水平不发生巨大变化的前提下，股价的增长与每股收益的增长会大体相当。这也是巴菲特不断强调要关注企业本身，而非市场波动的原因。

4. “大多数美国高管的薪酬与经营业绩并不匹配，将来也不会出现什么太大的变化，因为关于 CEO 薪酬，就像以欺骗方式做牌一样，是已经事先安排好的，完全不利于投资者。结果是，一个表现平平或者表现糟糕的 CEO，在他精心物色的人际关系主管和非常乐于助人的咨询公司顾问 Ratchet and Bingo 的协助下，最终总是从一个恶意设计的高管薪酬安排中获得大量的金钱。”

“例如十年固定价格的股票期权（谁不愿意要呢?）。假设停滞公司（Stagnant）的 CEO 无用先生（Fred Futile）接受了这样一批期权，比如给予他相当于公司 1% 的股票期权，那么，他获取个人利益的方法显而易见——他肯定不会支付任何红利，而是保留公司所有收益来回购股票。”

“假设在无用先生的领导下，停滞公司恰如其名没有什么增长，在发行期权后的十年间，公司每年在 100 亿美元的净资产价值基础上盈利 10 亿美元，相当于所发行的全部股票每股盈利 10 美元。无用先生拒绝向股东派发红利，用全部收益回购股票。如果股价一直保持 10 倍市盈率，那么，在期权到期之日股价将增值 158%。这是因为持续回购使股份减少了 3870 万股，每股收益将因此提高到 25.80 美元/股。通过将股东收益全部保留不分配，无用先生就能获得 1.58 亿美元的巨额财富，尽管公司业务没有任何增长。更令人吃惊的是，即使停滞公司的收益在这十年间下降了 20%，无用先生仍然可以赚 1 亿美元以上。”

“通过不分配红利而将留存收益投资到各种令人失望的项目和并购上，无用先生仍然会获得巨大的报酬，即使这些投资只能取得微不足道的5%的收益率，无用先生个人仍然能有大笔金钱进账。具体来说，在停滞公司的市盈率10年保持不变的情况下，无用先生的期权会让他赚630万美元。与此同时，所有股东会开始怀疑：当时向无用先生发行期权时所声称的股东与管理层结成‘利益同盟’究竟是怎么回事？”

解读：巴菲特多次提及高管的薪酬设计，可见其严重性。这一次，巴菲特针对留存盈余继续投资在其中起到的推波助澜的作用。对于高管的薪酬设计，巴菲特又一次强调：固定价格的股票期权激励根本就是管理层从股东们的口袋里往外“偷钱”。即便不考虑留存盈余继续投资这层复杂的因素，仅仅看一个简单的事实——当股价上涨时，管理层们赚得盆满钵溢，股价下跌时，管理层们却毫发无损——就可以知道，管理层和股东们根本没有坐在同一艘船上。

5. “对于一家公司的董事会来说，要求保留收益时自动调整计算期权价值，简直轻而易举。但让我吃惊又吃惊的是，这种期权几乎从来没有发行过，薪酬‘专家’对此也十分陌生。然而这些专家对所有出现过的有利于管理层的期权计划却像百科全书一样了如指掌（吃人家嘴软）。”

解读：所谓薪酬激励专家，都是公司管理层雇佣过来，由管理层支付薪水。所谓吃人家嘴软，对于管理层不利的激励方案，显然很难出台。

6. “为管理层毫不起眼的业绩支付巨额的离职补偿、慷慨的额外补贴和超标的薪水，早已司空见惯，因为公司薪酬委员会已经成为数据比较的奴隶。搞定董事会的方法很简单，选择三名董事，当然并非随机选择，在董事会会议召开前几个小时，用薪酬支付永远逐步提高的统计数据对他们进行一番狂轰滥炸。如此这般，董事会就会把一大堆稀奇古怪的‘糖果’撒向CEO们，而原因只是我们儿时都会用的小把戏：‘但是，妈妈，其他小朋友都有一个。’当公司薪酬委员会采用类似的逻辑推理时，昨天已是非常过分的要求，在今天看来只不过是底线而已。”

解读：公司治理的缺陷，令一些美国公司的高管可以肆无忌惮地从股东腰包中“合法”拿钱。而在中国大学的经济学和商学院，西方的公司治理等仍被视为“先进”的管理理念；很多企业治理机制的改革仍以西方模式为范本。可见，即便面对经典理论，也不应放弃独立思考。

7. “对于伯克希尔和其他美国股票投资人来说，过去这些年来大把赚钱简直是轻而易举。一个真正称得上长期的例子是，从1899年12月31日到1999年12月31日的100年，道琼斯指数从66点上涨到11497点。如此巨大的升幅只有一个十分简单的原因：20世纪美国企业经营得非常出色，投资人借企业繁荣的东风赚得盆满钵满。目前美国企业经营继续良好，但如今的投资人由于受到了一系列的伤害，在相当大的程度上减少了他们本来能从投资中实现的收益。”

“实际上，由于‘摩擦’成本的存在，股东获得的收益肯定少于公司的收益。我个人的看法是：这些成本如今越来越高，将会导致股东们未来的收益水平要远远低于他们的历史收益水平。”

“如果投资人只是老老实实地躺在摇椅上休息的话，所有上市公司收益中一个创纪录的比例本来会全部装进他们的口袋，而如今却落入了队伍日益庞大的‘帮助者’们的口袋。”

“大量的盈利分配安排与此类似，都是帮助者拿大头，而由Gotrocks这个家庭承担损失，而且还要为如此安排而享有的特权支付昂贵的费用，因此，我们也许将Gotrocks这个家庭的名字改为Hadrocks更为恰当。事实上这个家庭的所有摩擦成本大约占所有美国上市公司盈利的20%，也就是说，支付给帮助者的负担，使美国股票投资者总体上只能得到所有上市公司收益的80%，而如果他们静静地坐在家里休息而不听任何人的建议，就能稳稳得到100%。”

解读：“Gotrocks”是巴菲特为这个虚拟的联合大家庭起的一个名字。从整体而言，各种各样的帮助者，包括投行、理财机构等，大大增加了投资者整体的“摩擦成本”。当然，我们不能排除其中个别的机构确实帮助投资者增加了投资收益。

8. “很久以前，牛顿发现了三大运动定律，这的确是天才的伟大发现。但牛顿的天才却并没有延伸到投资中。牛顿在南海泡沫（the South Sea Bubble）中损失惨重，后来他对此解释说：‘我能够计算星球的运动，却无法计算人类的疯狂。’如果不是这次投资损失造成的巨大创伤，也许牛顿就会发现第四大运动定律——对于投资者整体而言，运动的增加导致了收益的减少。”

解读：减少股票的周转率是投资获利的一大关键因素。

9. “多年来，一些非常聪明的投资人经过痛苦的经历已经懂得：再长一串让人动心的数额乘上一个零，结果只能是零。”

解读：不管再庞大的资产，只要一次投资失败就是零了。这样的案例在A股市场也是处处可见。最近的一次当数2015年的股灾——“千股跌停”让无数人资产“归零”。如果没有亲历过巴菲特所言的“痛苦的经历”，一定很难理解他“结果只能是零”的警告。

坚持独立思考：2006 年致股东的信

巴菲特对美国贸易政策以及长期财政赤字的担忧有增无减。这一年，他认为其对美国经济与投资的负面影响，已经实实在在地出现。在经营管理方面，对于企业的组织机构效率、董事会设置、管理层薪酬设计等的批判，都是立足于实现股东利益最大化。在投资理念方面，巴菲特又一次抨击了教科书的典范理论——有效市场假说，这一次，他用另一位投资大师施洛斯的投资履历，再一次对“学院派”的固执、选择性“失明”进行了反讽。

随着年龄的增长，巴菲特也开始考虑寻找接班人的问题。对于伯克希尔的下一任掌门人应该具备何种品质，巴菲特提出了详细的要求。

1. “我的搭档，也是伯克希尔的副董事长——查理·芒格，和我现在共同经营的伯克希尔，已经是一个庞大的事业体，其中拥有 217000 位员工，年营收直逼 1000 亿美元。当然这并非我们原先的规划，芒格一开始是以律师身份起家，而我则将自己视同证券分析师。从这些角色的观点来看，对于任何形态的大型组织，在运作的健全性方面，我们都越来越抱着怀疑的态度。过大的组织规模，可能会造成决策过缓、抗拒改变甚至自以为是。丘吉尔（Churchill）曾说过：‘人们塑造组织，而组织成形后就换组织塑造我们了。’明显的事实如下：1965年时市值排名前十大的非石油公司，如通用汽车（General Motors）、西尔斯（Sears）、杜邦（DuPont）与柯达（Eastman Kodak）等，在2006年的名单中就只剩一家了。”

解读：组织越庞大，效率越低下。

2. “由于美国贸易逆差的问题恶化，美元持续贬值的概率居高不下。”

“这对美国来说，并没有多大的问题，因为我们仍是非常富裕的国家，过去的信用也不错。因此，全世界还很乐意接受美国的债券、房地产、股票以及企业。由于资产雄厚，我们仍有继续挥霍的本钱。”

“然而，这样变卖家产，后果不堪设想。我在去年预测，大肆挥霍的后果，其中之一已经成真：美国的‘投资收益’（investment income）账户（原本自1915年以来，每年皆为正值），在2006年转为负数。目前外国人从美国投资方面所产生的利得，已经超过美国人在海外投资所赚取的金额。目前的状况，如同美国人已经用尽了银行账户内的钱，并且将目光转向信用卡。然而，就像借高利贷一样，在不断循环计息下，美国目前正面临一个‘反向复利’（reverse compounding）的处境。”

解读：美国的贸易逆差愈演愈烈，只能不断通过透支自身的信用度日。巴菲特对这种状况的担忧也不断加剧。

3. “衍生性金融商品也像股票及债券一样，常在价格与价值上出现离谱的偏差。因此，许多年来，伯克希尔在衍生性合约的签订，一向是具有选择性的。在数量上不多，但有时金额却很庞大。我现在亲自管理62个流通在外的衍生性合约，确保交易对手没有信用风险。截至目前，这些衍生性合约的效益还不错，为伯克希尔赚取了数亿美元的税前盈余。虽然时时都有亏损的可能，但是整体来说，**还是很有可能继续从价格与价值的偏差中，获得可观的利益**。”

解读：任何事物都有两面性。衍生性金融商品也并非一无是处，它也有因定价错误而产生的投资机会。很关键的一点是确保交易对手没有信用风险，否则即使定价再离谱的交易合约，最终也会竹篮打水一场空。

4. “挑出合适的人选，将是艰巨的使命。当然，从投资绩效斐然的人才中，再找出聪明的人并不困难。但是长期投资要想成功，即使有精明的头脑以及短期的优异绩效，还是有很遥远的距离。”

“长期来说，市场将出现非比寻常甚至诡异至极的举动。只要犯了大错，过去无论多长时期且不间断的成功记录，都会被一笔抹杀。所以，伯克希尔需要生来就能辨认及规避重大风险的人，甚至是有生以来从未见识过的风险。而现行许多金融机构普遍采用的规范，运用在投资策略上，都有一些特定及重大的危机潜伏其中。”

“情绪的控制也十分重要。独立思考、心智稳定以及对人性及组织行为的敏锐洞察力，这些都是想在长期投资上成功的要件。我看过很多聪明绝顶的人，但都缺乏这些特质。”

解读：以伯克希尔目前的状况，最重要的是“守财”。因此，巴菲特在挑选继承人方面，首要的要求就是有着对风险与生俱来的识别能力，甚至要可以辨识从未见过的风险。其次则是情绪的控制能力，否则再聪明的大脑也会因为情绪失控而翻盘。

5. “当我们采用奖励制度时（而且会十分丰厚），总是要与该名CEO所负责的营运结果有直接关联。我们不希望让他们产生投机心理，以为可以得到与自己事业表现无关的报酬。……举例来说，伯克希尔目前持有610亿美元的股权，其任何一年的价值很轻易地就可能上升或下降10%。无论此盈亏对股东的重要性如何，但对那些为我们经营事业的主管而言，究竟有什么样的理由，他们的收入要和这60亿美元的变动有任何关联?”

解读：每个子公司的主管的激励机制都只跟其所管理的公司的绩效挂钩，而跟伯克希尔集团的绩效无关。对于部门主管的激励其实也是一样的。这样才能保证客观公平，避免搭“顺风车”现象。

6. “通过信息的揭露，或是聘请‘独立董事’来担任薪酬委员，对这类在薪酬发放上不合理且过于慷慨的普遍做法，并无法产生任何实际改变。说实在的，我之所以会被许多薪酬委员会拒于门外，最可能的理由，就是我被视为是过于独立的董事。薪酬制度的改革，只要几个最大的机构投资者（数目不必多）提出要求，就能使整个系统出现全新的气象。”

解读：所谓的独立董事，绝大多数都不是真正的独立。相反，像巴菲特这样过于“独立”的董事，反倒被排除在诸多公司的薪酬决策委员会之外。

7. “施洛斯并没有上过大学的商学院，或相关的专科学校。1956年，他的办公室只有一个档案柜，但2002年时已增加为四个。施洛斯在工作中从来没有请过秘书、职员或财务人员，唯一的同人为他的儿子——爱德文——北卡罗来纳大学的艺术硕士。施洛斯及爱德文从来不听信什么内线消息，实际上，即使是‘外界’信息，他们也很少使用。完全只运用一些特定的统计方法，而那是施洛斯在与格雷厄姆共事时所学习到的。在接受1989年杰出投资人文摘（Outstanding Investors Digest）访问时，被问道：‘请问该如何归纳你们的投资法则?’爱德文的答复是：‘我们只是努力买便宜的股票。’如此来看，现代的投资组合理论、技术分析、宏观经济学派及许多复杂的运算法，对他们来说，似乎太多余了。”

“遵循此一不具实质风险（我们将其定义为资本的永久损失）的策略，施洛斯在他47年的合伙事业所创造出的成果，戏剧化地超越了标准普尔500指数的同期表现。值得一提的是，这是以投资约1000家、大多为冷门的股票所缔造出来的纪录。少数几只股票的大胜，并不能完全解释他的成功。因为保守估计，投资经理人中应有数以百万计的交易是：（1）以随机的方式来选股，（2）与施洛斯购买的数量相当，（3）与施洛斯同时卖出持股。但即使是当中最幸运者，也难以接近施洛斯的纪录。这说明一个事实：施洛斯47年来的成果，绝对不是运气所能解释的。”

解读：施洛斯的投资哲学可以说是完全继承了格雷厄姆。某种意义上来说，他们是量化分析投资的鼻祖。

8. “1984年，我首次针对施洛斯的傲人纪录，公开加以讨论。当时，‘有效市场假说’（Efficient Market Theory，EMT）在大多数主流商学院的投资课程中被视为核心思想。如同那时大多数人所学到的观念，此理论指出，市场对于股价的分析无论何时都不会出现明显的误差。即对只运用公开信息的投资人来说，不必期待有超越股市大盘的表现（虽然运气的确能让某些人办到）。在我23年前提到施洛斯时，他的投资纪录与此学说明显而强烈地抵触。”

“提供有效市场假说这门课的商学院，并没有任何人针对施洛斯的绩效展开研究，探讨其对于这一受到学院派推崇的理论所产生的意义。”

“因此，有数以万计的学生进入社会后，对于股票价格的‘正确性’（比较精确的说法是，没有明显的错误），深信不疑，故认为对任何企业（股票）的评估，都是毫无帮助的。同时，施洛斯得以持续超越市场。由于年轻人的心灵都被这些错误观念所灌输，这使得施洛斯的工作更轻松了。”

解读：施洛斯的例子，是对有效市场假说的又一次强烈讽刺。

企业分为三大类：2007 年致股东的信

什么样的企业是伟大的？它们拥有哪些特征？巴菲特不厌其烦地论述自己简单的投资哲学，并且在漫长的投资生涯中持续践行。“护城河”是他评价企业的重要标尺！究竟什么样的优势才能称得上是“护城河”，这应该是价值投资者争论最多的话题。显然，巴菲特更看重低成本、品牌等。这一年的致股东信中，他将企业分为了三类：第一类是在稳定的行业中具备长期竞争优势的企业，特点是低投入、高产出，它们是皇冠上的明珠，稀有且珍贵，是伯克希尔努力寻找的投资对象；第二类的特点是高投入、高产出，明珠难寻，因此伯克希尔会退而求其次，选择第二类企业中的佼佼者；第三类是高投入、低产出，其能误导投资者进入的一大陷阱就是未来可能的高增长，典型的如航空公司。航空业是巴菲特多次公开自我批评的投资失败的案例，他一再警告投资者，要远离这类企业。

1. “一家真正伟大的公司必须要有一道‘护城河’，从而使投资获得很好的回报。但资本主义的‘动力学’使得任何能赚取高额回报的生意‘城堡’，都受到竞争者重复不断的攻击。”

“对‘持续性’的评判标准，使我们排除了许多处在发展迅速且变化不断的行业里的公司。尽管资本主义的‘创造性的破坏’对社会发展很有利，但它排除了投资的确定性。一道需要不断重复开挖的‘护城河’，最终根本就等于没有护城河。”

解读：品牌优势、低成本优势等才可能构成强大的竞争优势。技术可以令一家公司成为一时的明星，但这样的明星常常沦为一颗流失的彗星。

2. “这个标准也排除了那些依靠某个伟大的管理者才能成功的企业。”

“如果一个生意，依赖一个超级巨星才能产生好成效，那这个生意本身不会被认为是个好生意。一家在你们地区首席脑外科医生领导下的医疗合伙公司，可能有令人满意的巨大且增长的收入，但是这对它的将来说明不了什么。随着外科医生的离开，合伙公司的‘壁垒’也将一起消失，即使你不能叫出梅奥诊所（Mayo Clinic）（美国最好的医院之一）CEO的名字，你也能计算出它的‘壁垒’能持续多久。”

解读：优秀的高管很重要，但如果管理人员成为一家公司唯一重要的因素，那这家公司能够可持续发展的时间就很有限了。

3. “**我们要寻找的生意，是在稳定行业中，具有长期竞争优势的公司**。如果它的成长迅速则更好。但是即使没有成长，那样的生意也是值得的。我们只需简单地把这些生意中获得的可观收益，拿去购买别处类似的企业。没有什么规定说钱是哪儿挣来的，你就必须花在哪儿。事实上，这样的做法通常是一个错误：真正伟大的生意，不但能从有形资产中获得巨大回报，而且在任何持续期内，不用拿出收益中的很大一部分再投资，以维持其高回报率。”

解读：稳定的行业、持续的成长、长久的竞争优势，这样的公司是巴菲特的不二之选。那种只需少量投入就可以产生高回报的公司可谓是皇冠上的明珠。

4. “飞安公司（FlightSafty）是一个良好但不出色的生意。……它拥有一项持久的竞争优势：参加飞行训练，如果选择其他公司，而不是这家顶尖的飞机训练公司，就像在一次外科手术前，对价格斤斤计较。”

“这项生意如果要增长，需要将收入中的很大一部分再投入。”

“如果仅仅计算经济回报，飞安公司是一个良好的但绝非超乎寻常的业务。它那种高投入高产出的经历正是许多公司面临的。例如，投资公用事业公司，我们巨大的投入在以很快的速度贬值。从现在开始的十年里，我们可以从这个生意里挣到相当多的钱，但是我们需要投入数十亿美元才能实现它。”

解读：二流的公司是那种高投入高产出的公司。这种公司对投资人来说也不错，毕竟皇冠上的明珠不多见。

5. “现在让我们来说说糟糕的生意，比较差的生意是那种收入增长虽然迅速，但需要巨大投资来维持增长，过后又赚不到多少，甚至没钱赚的生意。”

“航空公司从它开出第一个航班开始，对资本的需求就是贪得无厌的。投资者在本应对它避而远之的时候，往往受到公司成长的吸引，将钱源源不断地投入这个无底洞。”

解读：高投入、低产出的公司则是典型的三流公司。对于这种公司，投资者离得越远越好。巴菲特在1989年买入美国航空公司的优先股，虽然最后是以大赚一笔结束，但在他看来，这只是因为“幸运”，而不是选对了标的。涉足航空业，巴菲特多次指出，是错误的选择。

6. “我必须强调的是：在任何时候，我们不是通过投资品（股票）的市场价格来计算投资的进展。我们宁可用两条适用在我们自己企业的测试标准，来衡量它们的成绩。第一条标准，扣除整个行业预期增长后的实际收益增长。第二条，更主观些，就是看它们的‘护城河’是否在这一年里变得更宽。”

解读：巴菲特对股价并不关心，他关心的是公司的实际增长超过预期增长多少，以及公司的竞争优势能否持续扩大。

7. “我们持有的衍生品部位，有时会使公司报告的收益，产生很大的摆动，可查理和我相信这些部位的内在价值，其实变化很小。即便这些摆动在一个季度里，轻易就达到10亿美元或更多，他和我也将对此熟视无睹，我们希望你也如此。”

解读：巴菲特在意的是长期的结果，而非短期的波动。

8. “美元的走弱，错不在欧佩克（OPEC，石油输出国组织），中国及其他。别的发达国家和美国一样，依赖石油进口，也在和从中国进口的产品竞争。美国应当发展出一套明智的贸易政策，而不是挑选出一些国家来惩罚或一些行业来保护。我们也不应该采取那些很容易引发报复的行动，那样只会减少美国的出口。真正的贸易应该是互惠的。”

解读：“贸易战”只会减少贸易双方的进出口额，却难以减少一国的贸易逆差。巴菲特的这一论述，对2018年初美国向中国发起的“贸易战”，可谓同样适用。

钟摆的方向开始逆转：2008年致股东的信

2008年，起源于美国的次贷危机席卷全球，逐步发酵，世界各大股指纷纷暴跌，恐慌情绪在各个领域蔓延。人们纷纷抛售资产，“现金为王”成为当时的流行语。而就在几年前，资本市场一片火热之时，巴菲特却频频泼出冷水，指责金融衍生品的危害，发出市场过热的预警，而在危机爆发，众人惊慌离场之时，他却反其道，对美国经济的未来给予乐观的估计。

独立思考，不随波逐流，可以说是巴菲特能成功投资的一大基石。他不在意市场的波动、不关注他人的评论，冷静面对市场钟摆的方向变换。但即便股神，也有失误的时候，这一年，他就透露了一项损失高达89%的投资。

1. “尽管身处坏消息之中，但不要忘记，我们的国家曾经面临更糟糕的局面。仅仅在20世纪，我们就曾面对过两次大战（其中有一次我们似乎都要输掉战争了）、十多次的阵痛和衰退。1980年，恶性通货膨胀曾导致高达21.5%的基本利率；还有1930年代的大萧条，期间很多年，失业率一直在15%~25%徘徊。美国从不缺挑战。”

“没有失败，只因为我们战胜了失败。面对这么多障碍——其他还有很多——美国人的实际生活水准在20世纪翻了七番，道琼斯工业指数从66点上升到11497点。……尽管前进之路并不平坦，但我们的经济体系在过去运转得相当不错。……美国最好的日子还在前方。”

解读：过去100年来，美国经历过诸多磨难。但每隔一段时间回顾历史，它都又向前迈了一大步。在巴菲特看来，美国这套系统还将持续向前发展，因此眼下的危机一定不是末日。面对危机，巴菲特的眼光可谓放得非常长远。

2. “关于目前房地产危机的评论往往忽略一个关键事实，那就是大多数违约并不是因为房屋价值低于抵押贷款价值，而是因为贷款者还不起他们答应偿还的每月分期付款。那些通过借贷而不是节衣缩食来支付首付的业主，很少是因为物业价值在今天低于抵押贷款价值而毁约。相反，当他们付不起月供时，他们就会甩手不干了。”

“购买房屋的首要动机应该是家的喜悦和居住其中，而不是指望它盈利。房屋的购买也应该同购房者的收入水平相吻合。”

解读：房价低于购买价并不是按揭者断供的首要因素，收入不足以支付房屋的月供才是按揭者弃房的关键因素。这一点在1998年中国香港的金融风暴中也得以验证。“太阳下面没有新事物。”虽然市场的环境、文化各不相同，但本质的规律是一样的。

3. “去年我犯了一个严重的投资错误（可能还有很多，只是这个被发现了而已）。查理或者其他人都跟此事无关。在油价和天然气价格接近最高点时，我购买了大量的康菲石油公司股票。我没能预计到2008年下半年能源价格的戏剧性下跌。我仍然认为未来石油价格会比现在的40～50美元高得多。但是到目前为止我错得离谱。即使石油价格回升，我选择购买的时机也让伯克希尔消耗了数十亿美元。”

“我还犯了一些目前已经可见的错误。这些错误不那么大，但不幸的是，它们也不小。2008 年，我用 2 亿 4 千 4 百万美元买了两家爱尔兰银行的股票，当时股价看上去便宜得很。年底时这些股票的价值已经低到不能再低：2700 万美元，我们损失了 89% 的钱。那之后，那两只股票的价格还在一路下跌。网球比赛的观众会称这种行为为‘非受迫性失误’。”

解读：巴菲特也有买入股票后下跌 89% 的经历，可见在投资领域，从不出现失误是偶然的，出现失误则是必然的。

4. “投资界已经从担心定价过低的风险发展到了担心定价过高的风险。这种转变可真不小，钟摆已经从一个极端摇摆到了另一个极端。仅仅数年前，我们仍会觉得以下行为不可思议——人们对信用级别良好的市政公债或者公司债券不闻不问，却热衷于零风险的政府短期债券，尽管它的收益几乎为零。未来人们撰写这十年的金融史时，肯定会提到 20 世纪 90 年代的互联网泡沫和 21 世纪初的房地产泡沫。但 2008 年底的美国国债泡沫可能也会被认为几乎与前几次泡沫一样非同寻常。”

“如果很长一段时间内一直执着于现金等价物（指极容易和很快可转换成现金的资产，持有这种资产如同持有现金）或者长期政府债券投资，其后果一定相当恐怖。当然，随着金融局面的进一步动荡，持有这些资产的投资者会越发自我感觉良好，甚至到自鸣得意的地步。当他们听到所有评论都在说‘现金为王’时，他们越发感觉自己决策英明。尽管这些为王的现金不能带来任何收益，而且随着时间推移购买力在不断下降。”

解读：贪婪和恐惧是投资钟摆永远的两个方向。牢记巴菲特的名言：“别人贪婪我恐惧，别人恐惧我贪婪。”

5. “投资的目的不是为了让人夸你有多棒。事实上，赞扬经常是增长的敌人。因为它束缚你的思维，让大脑的开放性下降，不会对早先形成的结论进行反思。谨防那些让人溢美的投资举措；伟大的举动通常都会让人觉得枯燥无聊。”

解读：独立思考才是投资成功的根本。伟大的投资家往往忽略他人的评价。

扩大化的投资范围：2009年致股东的信

2009年，人们还处在金融危机的漩涡中，紧张与恐慌仍是市场的主流情绪。在巴菲特看来，新闻媒体在制造和加剧市场恐慌情绪方面可谓不遗余力，甚至恶意曲解2008年巴菲特致股东信中的部分言论。面对悲观情绪与恶意报道，巴菲特再次强调了自己的一贯立场：从不预测市场。对于投资标的的选择，经历了互联网投资狂潮与网络股泡沫破裂的巴菲特仍然淡定自若，坚持不懂不做的简单原则，无视市场的起伏。但是，随着伯克希尔资金拥有量的增加，投资标的选择的范围也在扩大，高投入、高回报的第二阵营标的也进入巴菲特的考虑范围。

1. “很久之前，查理说出了他最大的野心：‘我最想知道的就是我将会死在哪里，然后我将不会去那里。’这是受伟大的普鲁士数学家Jacobi的启发，他建议‘逆向，总是逆向’为解决困难的一个方法。”

“查理和我会避开一些我们评估不了未来的业务，无论他们的产品多么好。以前，谁都可以预见例如汽车（1910年）、飞机（1930

年）、电视机（1950 年）行业的巨大增长，但之后的未来也包括了各方面的竞争，那会降低进入那些行业的几乎所有公司的利润，即使幸存者也是遍体鳞伤。即使查理和我可以清楚地预见某行业之后会有巨大增长，那也不代表我们可以确定其利润率和资本收益率，因为许多竞争者为称霸而斗争。在伯克希尔，**我们会坚持未来几十年利润可以预见的业务**。即使如此，我们仍将会犯很多错误。”

解读：对于那些跨不过的障碍，绕过去就可以了。惹不起，还躲不起吗？对于行业的选择，可以看出巴菲特对“确定性”的重视。

2. “去年，我们目睹了新闻报道是如何出问题的。在 12830 字的年度信文中有这么一句：‘例如，我们确定 2009 年经济会蹒跚而行，或者比这好一点，但这个结论没有告诉我们市场是上升还是下降。’许多新闻机构大张旗鼓地报道这句话的前半部分，却没有提及任何结尾部分。我认为新闻业很可怕：被误导的读者或者观众也许会觉得，查理和我对股票市场有不好的预测，即使我们不但在那个句子里，而且在其他地方，都清楚地表示，我们不是在预测市场。被误导的投资者为此付出了巨大的代价：信出来的那天，道琼斯指数收于 7063 点，却在年底上升到 10428 点。”

解读：新闻媒体为了吸引眼球，在新闻报道中断章取义，甚至故意曲解，是司空见惯的事情。因此，要小心那些财经媒体的报道，坚持独立思考。

3. “早期的日子，查理和我避开资金密集型行业，如公用事业。确实，至今对投资者来说最好的行业仍然是那些高回报并且不怎么需要增加投资的。很幸运，我们有许多这样的公司，我们也愿意购买更多。但是，随着伯克希尔资金规模扩大，今天的我们非常愿意投入那些需要大量资金投入的行业。我们只期望在这些行业，会有合理的体面的回报。如果我们的期望是对的（我相信会的），伯克希尔将如虎添翼，在未来几十年中虽不能取得巨额收益，但是应该可以超过平均水平。”

解读：对于资金量庞大的伯克希尔来说，高投入、高回报的公司也是相当不错的。

4. “我曾参加过几十次讨论认购案的股东会，通常，一些价格高昂的投资银行家给主管们提供咨询。银行家会详细评估被收购公司的价值，强调其价值远比市场价值高。在长达五十年的股东生涯中，我从没听到任何投资银行（或管理层）讨论公司所得到的真实价值。当交易涉及认购方股票的发行时，他们只使用市场价值，甚至在知道认购方股票被严重低估时仍然这么做。”

解读：换股交易时，仅仅评估被并购方的股票价值是不够的，认购一方的股票价值同样需要评估，这样才能知道认购方所能得到的真实价值。

谨慎的乐观主义者：2010年致股东的信

读到这里，可以看出，巴菲特是一位谨慎的乐观主义者。他热爱自己的国家，对美国的未来充满信心，即便其间有不时的干扰。他不随波逐流，坚持自己的思考，在公司经营方面，众人重视的“净利润”，在他眼中一文不值；经典的期权定价模型，即便有诺贝尔奖作为背书，也被他视为存在缺陷；而在伯克希尔投资经理的薪酬安排方面，他按照自己的标准，而非市场的普遍准则。

1. “在我的整个一生中，政客和学者们一直都抱怨和夸大美国面临的问题，让人听起来感到恐惧。然而，与我出生时相比，美国民众的生活水平提高了6倍，这让我们感到很惊讶。那些悲观论者忽视了一个至关重要的因素：人类的潜能是取之不尽、用之不竭的……”

“现在，正如1776、1861、1932和1941年一样，美国人的好日子还在前头。”

解读：巴菲特对美国经济继续保持乐观态度。2010年，虽然经济处于复苏之中，但复苏之路却步履维艰。欧债危机、通货膨胀等各种不稳定因素仍影响市场。晚年的巴菲特，通过回顾自己“一生中”的经历，说明了一个简单的现实：长期看，民众的生活水平是提高的。这也许是他一直提倡长期投资的一个简单却核心的原因。

2. “伯克希尔－哈撒韦公司非保险业务每股税前盈利40年以来的复合年收益增长率为21.0%，伯克希尔－哈撒韦公司的股票价格同期年增长率为22.1%。随着时间的流逝，你会发现公司的股票价格变动与公司的投资和收益变动大致一致。市场价格和内在价值的路径经常不同……但最终它们将交汇。”

解读：一家公司每股收益的增长率与股价的增长率长期看将十分接近。

3. “随着时间的推移，如果能找到合适的人选，我们将增设1～2名投资经理。每位投资经理的绩效薪酬，80%来自于他管理的投资组合，20%来自于其他经理人的投资组合。我们希望为每位成功人士建立一套薪酬体系，促进他们之间相互合作而不是竞争。”

解读：每个投资经理绩效的20%来自其他经理人的投资收益，这是一个与众不同的安排。这样的制度安排使得投资经理之间在一定程度上可以相互学习合作。

4. “下面我们重点谈谈被忽略的一个数字：净利润，其对媒体的作用远大于所有其他数字。这个数字对大多数公司来说很重要，但对伯克希尔来说往往毫无意义。不管业务如何运营，我和查理总能在任何特定时期合法地创造想得到的净利润。”

“我们具有这种灵活性，是因为净利润数字中纳入了投资的已实现收益或亏损，排除了未实现收益（及大部分情况下的亏损）。例如，如果伯克希尔某年未实现收益为100亿美元，同时实际亏损为10亿美元，那么我们报告中只计算亏损的净利润就将低于营业收入。同时，如果我们前一年有已实现收益，新闻提要中就可能会宣布我们的收益降低X%，而实际上我们的业务可能已大大改善。”

“我们有大量未实现收益可利用，因此如果确实认为净利润很重要，我们可以定期在其中加入已实现收益。不过，请放心，我和查理绝不会抛售证券，因为抛售会影响我们即将报告的净利润，而且我们都对‘玩数字游戏’深恶痛绝。”

解读：对于伯克希尔这样的保险公司而言，净利润数据并不重要，因为只要适当调整会计考量，就可以大幅影响一家保险公司的净利润。

5. “我和查理都认为，在评估长期期权时，布莱克—斯科尔斯期权定价公式产生了非常不相称的数值。两年前，我们通过签订股票买卖合同含蓄地宣称，我们的交易对手或其客户采用的布莱克—斯科尔斯期权定价公式运算有缺点。”

解读：布莱克—斯科尔斯期权定价模型虽然拿到了诺贝尔经济学奖，但是其理论意义远大于实际意义。模型发明人创立的长期资本管理公司也在经营四年后，以巨额亏损破产告终。

6. “毫无疑问，有些人通过借钱投资成为巨富，但此类操作同样可能使你一贫如洗。杠杆操作成功的时候，收益就成倍放大，配偶觉得你很聪明，邻居也艳羡不已。但它会使人上瘾，一旦你从中获益，就很难回到谨慎行事的老路上去。而我们在三年级（有些人在2008年金融危机中）时都学到，不管多大的数字，一旦乘以0都会化为乌有。历史表明，无论操作者多么聪明，金融杠杆都很可能带来‘0’。”

“对企业来说，金融杠杆也可能是致命的。许多负债累累的公司认为债务到期时可以靠继续融资解决，这种假定通常是正常的。可一旦企业本身或者全球信用出现危机，到期债务就必须如约清偿，届时只有现金才靠得住。”

“信贷就像氧气，供应充沛时，人们甚至不会注意。而一旦氧气或信贷紧缺，那就成了头等危机。即使短暂的信贷危机也可能使企业崩溃。事实上，2008 年 9 月，一夜之间席卷多个经济部门的信贷危机使整个美国都濒临崩溃。”

解读：金融杠杆一定要慎用，再大的数字乘以零都是零。巴菲特在这里对“借钱投资”的警告同样适用于 A 股投资者。在 2015 年 A 股“股灾”之前，通过场外配资一夜暴富的“牛人”似乎处处可见，而在“断崖式”下跌之后，各种破产，甚至自杀的消息和新闻同样不绝于耳。对企业来说同样如此，当信贷危机来临时，再有实力的企业也可能因为过高的负债而突然倒闭。

定性分析三类投资：2011年致股东的信

世界经济开始逐步走出次贷危机的阴影，对于美国的房地产业，巴菲特从简单的供需角度给出了非常简洁的评论——房屋供给数量和新家庭形成速度是两个核心要素。

从信中，可以感受到巴菲特对简单的崇尚，这表现在他挑选公司的标准上；也表现在他对待投资的态度上——投资就是付出一定的购买力，而在未来得到更多的购买力；更表现在对资产的定义上——资产的核心是要有生产力。按照这一简洁的标准，就可以将很多复杂的问题理清。

1. “房地产会复苏的——这确信无疑。长期看，房屋的数量需与家庭的数量相当（在考虑通常比例的空置率后）。然而，在2008年前的一段时期内，美国增加的房屋数量高于家庭数量。最终我们造了太多的房屋，泡沫破裂的威力动摇了整个经济。这还给房地产业带来了另一个问题：在衰退初期，新家庭形成的速度放缓，在2009年这一下滑非常剧烈。”

“这一毁灭性的供求关系等式如今逆转了：新家庭的数量要多于

房屋。人们可能在充满不确定的时期搁置置业，但最终荷尔蒙会接管一切。在衰退期间，一些人最初的反应可能是‘暂时同居一室’，但与对方父母同居一室很快会失去吸引力。”

解读：长期看，房屋的需求量与家庭的数量大体相当。当房屋的供给量远大于新家庭形成的速度时，房地产行业的危机也就到来了。反过来，当房地产行业衰退，从而导致房屋数量供应大幅减缓（也大幅少于新家庭形成的数量），慢慢地，居民对房屋的需求又会重新燃起。

2. “当满足两个条件时，我和查理会选择股份回购：（1）公司拥有充裕的资金来维持日常运转和所需的现金流；（2）股票价格远低于保守估计的公司内在价值。”

“我们曾目睹很多股份回购并非满足上述第二个条件。要知道，很多 CEO 永远认为他们公司的股票太便宜了。但事实上，股份回购并非简单用来抵销股票增发带来的股权稀释，或者仅仅因为公司手握多余的现金。只有当回购价格低于股票内在价值时，继续持有的股东才不会利益受损。”

解读：如果公司仅仅因为现金充裕就购回股票，而不关心股价是否被低估，那股东利益也会因股票回购而被损害。

3. “逻辑很简单：如果你将要在未来成为某只股票的净买方，要么直接用自己的钱购买或者间接购买（通过持有一家正在回购股票的公司），当股价上升时你就受害，当股价不振时你获益。不过，情感因素通常会令事情变得复杂：大多数人，包括将在未来成为净买入者那些人，看到股价上升会觉得舒服。这些股东就像是看到汽油价格上涨感到高兴的通勤者，仅仅因为他们的油箱里已经装满了一天的汽油。”

解读：对于股东来说，一定时期的股价下跌其实是好事。这个看似简单的问题却困扰了很多人。

4. “投资行为被形容是这样一个过程：在今天投出资金，预期未来能收回更多的钱。在伯克希尔，我们对此要求更高，**我们将投资定义为将今天的购买力转移给他人而预期在未来收到合理的购买力（扣除对名义收益的税收）**。更简洁的说法是，投资是放弃今天的消费，为了在以后的日子里有能力产生更多的消费。”

“从我们的定义中可以得出一个重要推论：投资的风险并非被 beta 衡量（华尔街以此衡量波动性以及风险），而是由概率衡量——合理的概率，即投资导致其主人在持有期间损失的购买力的概率。资产价格经常大幅波动，而只要他们在其持有期间内可以合理确信提供增加的购买力，那么这些资产就不是风险高的。而正如我们将看到的，一个波动性小的资产也能充满风险。”

解读：投资就是付出一定的购买力，而在未来得到更多的购买力。资产价格的波动显然不能够衡量一笔投资的风险程度，它只能衡量出投资大众情绪波动的程度。

5. “一部分投资是以给定的货币计价的，包括货币市场基金、债券、抵押贷款、银行存款以及其他工具。大部分基于货币的投资被认为是‘安全’的。事实上，他们是最危险的资产之一。他们的 beta 是零，但风险巨大。”

“在过去一个世纪，这些工具毁了许多国家投资者的购买力，即使其持有者持续收到定期的利息和本金支付。此外，这一丑陋的结果将一直重复发生。政府决定了货币的最终价值，但系统的力量不时会使他们被制造通胀的政策所吸引。而这类政策经常失控。”

解读：有些投资也许可以很确定地收回本金，但往往同时也会确定地失去了一定的购买力，这种投资与其说带来了无风险的收益，不如说是带来了无收益的风险。

6. “第二类投资包括的资产是指那些实际不产生任何收益，但买家在认为其他人未来会为此支付更高的价格的期望下所购买的资产，这些买家也清楚这些资产永远不具有生产性。17 世纪的郁金香就是此类买家的最爱。”

“这类投资要求有足够容量的买家市场，而这些买家受到诱惑，是因为他们相信这一购买市场将持续扩大。持有者并非被这些资产的生产力所激励——这些资产永远不会有生产力——而是坚信他们在未来会对其更渴望。这一类别最主要的资产就是黄金……如果你一直持有一盎司黄金，到最后你将仍然只拥有一盎司。”

“激励大部分黄金购买者的动机是他们相信恐惧的等级将会增长。在过去的十年，这一想法被证明是正确的。此外，上升的价格本身也会产生额外的购买热情，吸引那些认为价格上升证实其投资理论的购买者。当大量投资者涌入时，这一结果就自我实现了，但只是暂时的。”

解读：对于那些不能产生收益的资产，比如黄金而言，它的价格更多的是由恐惧和热情的程度决定的。

7. “我自己最青睐的——你知道，就要讲到了——是我们的第三类资产：有生产力的资产，无论是企业、农场，还是房地产。在理想的情况下，这些资产应该能在通胀时期让产出保持自身的购买力价值，同时只需要尽可能少的新增资本投入。农场、房地产和可口可乐、IBM 这样的很多企业，以及我们自己的喜诗糖果，都能满足这双重考验。其他特定的公司——如我们那些受管制的公共事业公司——都不能通过上述考验，因为它们在通胀的环境下需要大量资本。为了增加收益，它们的所有者必须增加投资。即便如此，第三类投资也仍会超越毫无生产力和以货币为基础的资产。”

解读：生产性资产才是最靠谱的长期投资品。

8. “我们国家的企业会继续高效地运送国民需要的商品和服务。这好比说，这些商业‘奶牛’活了几个世纪，产了比以往更多的‘牛奶’。它们的价值不是由交换的中介决定，而是由它们产奶的能力而定。对奶牛的主人而言，销售牛奶会是复利交易，就像20世纪道指由66点涨至11497点时那样（当时也支付了大量的股息）。伯克希尔的目标将是增持第一流企业的股权。我们首先会选择整体持有——但也会持有大量可交易股票。我相信，任何一段较长的时间内，事实都会证明，这类投资在我们考查的三类资产中是长线赢家。更重要的是，它最为安全。”

解读：货币基金、黄金等资产要么注定损失购买力，要么仅仅只是一个击鼓传花的游戏。只有伟大公司的股权才是最实在、最安全的投资标的。

坚持长期投资：2012 年致股东的信

未来虽然充满了不确定性，但是，从长期来看，巴菲特整体上仍然对美国经济抱持乐观的态度。坚持长期投资好公司，分享企业成长的红利，仍是投资获取价值的可靠路径。

净利润与会计准则是巴菲特多次批判的对象，因为会计准则本身的弊病，使得净利润很难体现企业真正的价值，从而误导投资。

1. “未来唯一确定的就是不确定，事实是从 1776 年美利坚独立以来，人们一直都在面对未知。只是有时人们将注意力集中在一直存在的无数不确定上，而在其他时候，他们忽略它们（通常是因为最近一直平安无事）。”

“随着时间的流逝，美国的企业将向前发展，同样确定的是股票将会上涨。因为它们的命运是和企业的业绩紧紧相连的。周期性的衰退将会发生，但是投资者和企业管理者在玩一个对他们极为有利的游戏（在 20 世纪，道琼斯工业指数从 66 点上升到 11497 点，惊人的 17320% 的增长，尽管经历了 4 次昂贵的战争，经济大萧条和多次经济衰退。另外不要忘记，除了指数的成长，投资者还享受了大量的分红）。”

“因为这个游戏的基础是如此有利，查理和我相信，尝试按照所谓专家的扑克牌预测，跳进跳出商业活动是一个可怕的错误。置身游戏之外所冒的风险要比在游戏内的风险大得多。”

解读：长期而言，不买股票的风险比买股票的风险要大得多。当然，前提是依靠保守谨慎的原则，基于公司价值的评估而做出的投资。

2. “我不会一一说明这些调整，因为有些无关大局，而有些却又只可意会不可言传，但是认真的投资人应该了解无形资产的不同性质：随着时间的推移，有一些无形资产，价值也越来越小，而有些无形资产却不会损失其价值。就软件为例，其折旧摊销是非常合理和真实的，可是客户关系这种无形资产能够同软件一样进行折旧和摊销吗？但是会计准则就规定需要进行折旧和摊销，尽管这种费用并不是真实的。但是GAAP会计准则却没有因为这两种无形资产的不同而规定不一样的会计方法。而即使是最普通的人都能看到的区别，可是在计算利润的时候，上述两种折旧都要作为费用列支在利润表中。”

解读：会计准则缺陷也是公司利润不完全可靠的一个来源。

保持简单：2013年致股东的信

对美国经济的坚定信心——美国的好日子还在前头——是巴菲特持续投资的基础。回顾自己的投资生涯，他选取了两个小案例——内布拉斯加的农场和纽约的一处房产——来展示简单思维如何应用于投资。这两笔投资都是发生在市场泡沫破裂之后，在一片恐慌中完成，而他考虑的核心问题只有一个：该项资产正常的投资回报。

在公司经营方面，基于伯克希尔的业务特征，巴菲特极为重视保险“浮存金”，通过历年致股东信，可以感受到，巴菲特已经将其视为伯克希尔的核心竞争力。与做投资类似，在保险业务的经营中，他将风险的控制视为核心——一旦风险超出控制能力之外，就要果断放弃。

对于投资，无视市场价格波动，摒弃宏观分析和市场预测，坚守能力圈，专注资产本身的获利能力，仍是他不变的准则。当然，如果你对投资一无所知，而又想分享经济增长的成果，还有一条捷径，那就是低费率的指数基金，这是巴菲特多次向普通投资者推荐的投资品。

1.“四家公司都拥有良好的业务，并由聪明且为股东着想的经理人掌管。在伯克希尔，我们情愿拥有一家好公司——非控制性但大比例的持股，也不愿意100%拥有一家普通的公司。同样的道理，我们宁愿拥有希望之星的一部分，也不愿要一整颗人造钻石。”

解读：控制权并没有有些人认为的那么重要。如果一家公司非要“外人”施以控制才能体现并创造股东价值，那这家公司的竞争力就实在堪忧。

2. “2009年末，在大衰退的阴影中，我们通过了买下BNSF的决定——伯克希尔历史上最大的收购。当时我把这笔交易称作是‘完全下注于美国经济的赌博’。”

“当然，这对我们来说也不是新鲜事了：从巴菲特合伙公司1965年买下伯克希尔以来，我们一直在下类似的赌注。以同样充分的理由，查理和我一直认为‘赌’美国长盛不衰，几乎是一件只赚不赔的事。”

解读：不仅是美国，欧洲、美洲、亚洲等十几个拥有百年历史的股票市场，长期走势都跑赢了通货膨胀。

3. “那我们诱人的浮存金将会如何影响内在价值？当伯克希尔计算账面价值时，所有浮存金都作为负债被扣除了，就好像我们明天就要兑现债务，并且再也无法补充回来。但把浮存金当作一种严格意义上的负债是错误的，它实际上应该被看作一笔循环基金。2013年，我们平均每天赔付500多万笔保单，总计170亿美元——这减少了浮存金。同时，我们每天都承接新保单，从而增加浮存金。如果浮存金是无成本且长期存在的——我相信对伯克希尔来说确实如此——那这项负债的真实价值就远比账面负债小得多。”

“幸运的是，伯克希尔的情况不是那样。查理和我相信，我们保险公司的真实商誉——我们愿意为购买一家能产生类似质量的浮存金的保险公司所支付的价格——远超过账面上记录的历史成本。浮存金的价值是我们认为伯克希尔的内在价值明显超过账面价值的一个原因——一个重要原因。”

解读：保险浮存金是伯克希尔－哈撒韦拥有的核心竞争力。虽然在会计上“浮存金”被列示为负债，但实际上对于伯克希尔而言，这笔资金长期增长且没有成本，更类似一种循环性质的权益资本。

4．“一家优秀的保险公司必须遵守四项原则。（1）理解所有可能导致保单形成损失的风险敞口；（2）保守地衡量风险敞口实际形成损失的概率以及可能的损失规模；（3）设定合理的保费，平均来看，要能在覆盖潜在的损失成本和运营成本后实现承保利润；（4）愿意在收取不了合意的保费时放弃保单。”

“很多保险公司顺利通过前三条，但在第四条上不及格。它们无法在它们的竞争对手也争抢的业务上回头。古话说，‘别人这么干，我也得这么干’，这在很多行业都造成了麻烦，但这在保险行业造成的麻烦尤其多。”

解读：在超出自己能力范围之时，及时收手，不但是保险经营的真谛，也是投资的真谛。

5. “事情发生在内布拉斯加。1973—1981 年，中西部农场价格疯涨，原因是对通货膨胀的预期和一些小型农村银行宽松的贷款政策。后来泡沫破灭了，价格下跌了 50% 多。”

“1986 年，我买下了奥马哈北部距 FDIC 50 英里的 400 英亩农场，花了 28 万美元，比几年前银行贷给农场主买地的金额小得多。我对经营农场一窍不通。但是我儿子喜欢农场，我从他那里了解到玉米和大豆的产量，还有对应的运营成本。根据这些估计，我计算出农场的正常回报大约 10%。我还考虑到，产量会逐步提高，并且农作物的价格也会上涨。两个预期后来都被证明是对的。”

“糟糕的产量和价格当然偶尔会令人失望，但同样有些年份也会异常好，并且我不用迫于压力出售资产。现在，28 年过去了，农场的利润翻了三倍，价值是我们当初投资额的五倍。我依然对农场一窍不通，而且最近才第二次去那片农场。”

解读：农场泡沫破灭时入场，以合适的价格买入（以年投资回报率衡量）。不关心短期价格波动（如果有）。所有的原则和标准，与投资股票相比，并无实质性差别。

6. “1993 年，我做了另外一小笔投资。当我还是 Salomon 的 CEO 时，老板 Larry Silverstein 告诉我纽约大学旁边 Resolution Trust 集团的一块零售物业打算出售。同样，当时泡沫破裂——RTC 被迫拆分出售资产，那些遭殃的储蓄机构当初乐观的贷款政策导致了现在的愚蠢行为。”

“这里的分析同样简单。和农场的情况类似，该物业当时无杠杆的收益率是 10%。但是考虑到 RTC 糟糕的管理，空置的店铺出租以后收入还会增加。更重要的是，它的最大租客——约占 20% 左右的出租面积，仅仅支付每平方尺 5 美元的租金，而其他租客的平均租金是 70 美元。它的租约将在 9 年内到期，到时盈利必然可以大幅上升。物业的位置也非常理想：纽约大学绝不会搬走。”

“……旧的租约到期后，利润翻了三倍。年租金回报现在达到了当初投资额的 35%。……我至今还没去看过这块物业。”

解读：跟 1986 年投资农场如出一辙。房价泡沫破灭后入场，以合适的价格买入（以年投资回报率衡量），不在意短期价格波动（如果有）。这种简单的投资原则再次奏效。

7. “我讲这两个故事是为了阐明投资的基本道理：获取满意的投资回报不需要成为专家。当然如果大家本身不是专家，那就要认识自己的能力圈，并遵从一个合理的规律。保持简单，不要拔苗助长。**当有人承诺让你赚笔快钱时，立即答复‘不行’**。”

“关注你所考虑投资的资产的未来产出。如果大家觉得难以估计一项资产的未来盈利，那就忘了它，放弃它。没有人能估计所有的投资回报。无所不知也是不需要的，大家只需要理解自己的行为就可以。”

解读：对于超出能力范围的投资品，要学会说“不”。

8. “如果大家关注的是资产未来可能被接手的价格，那么这就是投机。投机没有什么不好。但是我知道我不能总是投机正确，我也怀疑那些声称自己可以持续投机成功的人。……另外，一项资产近来持续升值绝不是一个买入的理由。”

“**在两笔投资上，我都只考虑资产的产出，而不是它们每天的估值**。”

解读：把精力用在球场上，而非记分牌上。

9. “‘闪电暴跌’或者其他一些市场的极端波动不会伤害投资者，就好像一个飘忽不定、爱说大话的邻居不会影响我的农场投资。**涨涨跌跌的市场对那些真正的投资者来说是好事，如果他有现金在价格跌破价值时购入的话**。恐惧的顶点是投资的好朋友；一路上涨的市场才是投资的敌人。”

解读：真正懂得投资的人应该欢迎“闪电暴跌”，恐惧一路上涨，因为只有这时候你才能真正有机会用极其便宜的价格买入伟大的企业，这种机会很少，可能一生只有几次，遇到了一定要克服内心的恐惧，牢牢抓住！

10. “总结宏观形式，听信别人的宏观或者市场预测都是浪费时间。实际上，这甚至是危险的，它会模糊大家对真正重要的事实的看法。”

“我的两笔投资分别在1986年和1993年做出。接下来经济、利率或者股市在下一年——1987和1994年——会如何发展，对两笔投资都没有影响。我已经不记得当时的报纸头条和专家的意见。但是庄稼依旧在内布拉斯加生长，学生们一样到纽约大学上课。”

解读：长期而言，宏观经济分析用处不大。

11. “我的钱将会投到指数基金里，因此我还得再为此说两句：我在这里所建议的和已经写在遗嘱中的内容是一致的。遗赠将会把现金配置到为我妻子设立的信托当中（我必须使用现金进行个人遗赠，因为我所持有的全部伯克希尔股票将在我去世后的十年内分配给一些慈善组织）。我对信托公司的要求非常简单：持有10%的现金购买短期政府债券，另外90%配置在低费率的标普500指数基金上（个人推荐先锋集团的基金）。我相信如果遵守这个策略，信托的长期业绩常会战胜大多数聘请了高费率管理人的投资者——无论是养老金、机构还是个人。”

解读：如果没有特别好的投资人选，就投低成本的指数基金吧。

不同的时间维度，完全不同的结论：2014 年致股东的信

从不同的时间维度看投资，效果完全不同。巴菲特强调长期持股，因为只有从长周期看，公司的股价与内在价值的增长才会趋于一致；且只有从长周期，投资者才能大概率避开股价波动的风险。

1. “考虑到这一点，我们在首页增设了一项新数据——伯克希尔股价的历史记录。我想强调，市场价格在短期有局限性。月度或年度的股价波动通常不太稳定，并且无法反映公司内在价值的变化。如果将时间区间拉长，股价与内在价值最终会趋于接近。伯克希尔的副主席、我的伙伴——查理·芒格和我都相信，伯克希尔过去 50 年的每股内在价值基本等同于公司股票的市场价值，同样上涨了 1826163%。”

解读：从超长周期看，公司的股价和公司内在价值的增长幅度基本一致，无论期间政治格局、宏观经济、货币政策如何变化。

2. “从过去 50 年获得的一个反常规但不容辩驳的结论就是，投资于一个美国企业的组合比投资于比如美国国债等证券要安全得多，后者的价值与美元紧密关联。在再往前的半个世纪，包括了大萧条和两

次世界大战的时段内，这一结论也是正确的。投资者应该关注这一历史。在某种程度上，在未来的一个世纪这几乎肯定会重演。”

解读：从超长周期看，股票投资比国债安全可靠，且收益更高。

3. “当然，毫无疑问的是，拥有股票一天、一周或一年的风险，比将资金投入现金等价物高，无论从名义值还是购买力衡量都是如此。”

“如果投资者害怕价格波动，错误地把它视为某种风险，他反而可能会做一些高风险的事。你们回忆一下，6 年前有权威人士警告股价会下跌，建议你投资‘安全’的国债或银行存单。如果你真的听了这些劝，那么现在只有微薄的回报，很难愉快地退休了。（标普500 指数当时低于700 点，现在约为2100 点）如果他们不担心毫无意义的价格波动，当时买一些低成本的指数基金，现在的回报能保证有不错的生活。因为这些基金不但股息在增加，本身价格也在上涨（当然这其中也有涨跌起伏）。”

解读：从中短期角度与从超长周期角度看待股票，结论完全不同。

坚信未来更美好：2015年致股东的信

一般选择价值投资方法的人，是乐观主义者，从巴菲特历年的信中，可以判断他是一个谨慎的乐观主义者。他对美国的未来充满信心，但对一些新鲜的事物却持比较保守的态度，比如早期的“电子热潮”，以及现在的高科技。但在后期，巴菲特也开始投资一些高科技企业，如IBM、苹果等，但在致股东信中，他对这些投资鲜有评论。有人推测，巴菲特投资苹果，是因为苹果已经不是一家科技公司，而是一家消费品公司，从这个角度看，它全完符合巴菲特的选股标准。但可以肯定的是，晚年的巴菲特，仍在不断学习和独立思考。

1. “至于伯克希尔公司，我们的规模使我们不大可能创造出卓越的业绩：随着资产增加，未来收益将下滑。但是，伯克希尔旗下的好企业以及该公司坚不可摧的财务实力和以股东利益为出发点的企业文化，应该能创造出良好的业绩。我们不会满足于更少。”

解读：随着公司规模的增长，未来收益会下滑，但是大也有大的好处，那就是越来越稳了。

2. “确实，今天的孩子大部分都不错。我所有中产阶级的邻居都定期享受比约翰·D. 洛克菲勒在我出生时更好的生活水平。他无与伦比的财富买不到我们现在拥有的，无论是什么领域——仅举几个——交通、娱乐、通信或医疗服务。洛克菲勒当然有权力和名声，不过他不能活得像我的邻居现在一样好。”

“尽管由下一代分享的馅饼会比今天的大得多，它将被如何划分仍将被激烈争议。就像是现在这样，在职员工和退休人员之间，健康者和体弱者之间，资本拥有者与工人之间，特别是那些市场都十分看重的人才和同样努力的缺乏市场技能的美国人之间，会为了更多的产品和服务而奋斗，这种冲突永远在我们身边——并将永远继续。”

“然而，好消息是，即使是‘落败’那一方的成员，也将几乎肯定可以享受——正如他们应该的那样——比他们在过去所拥有的更多的商品和服务。……我的父母年轻的时候，无法想象一台电视机，在我 50 多岁的时候，也不曾认为我需要一台个人电脑。这两种产品，当人们看见他们能做什么之后，迅速彻底改变了他们的生活。我现在一周花十个小时在网上打桥牌。而且，当我写这封信时，‘搜索’功能对于我来说是十分宝贵的。不过我还没准备好使用 Tinder（一款手机交友 APP）。”

解读：未来仍有很多纷争，但不论政治经济风云如何变幻，美国人民的明天都更好。对于中国的未来，也会同样如此！

再次重复那些简单的原则：2016年致股东的信

对于怀疑论者的彻底抨击，再一次说明巴菲特是一位乐观主义者，他对美国的经济制度、企业经营、人民的创造力都抱有极大的信心。因此，坚持他的简单投资原则，“别人贪婪的时候我恐惧，别人恐惧的时候我贪婪”，在长期一定可以获取可观的回报。

1. “总之，这就是我们的市场系统，一个经济上的交警，指挥着创造了美国富足的资本、脑力和劳动力的流动。这个系统还是利益分配过程中的主要因素。此外，政府通过联邦、州和地方税务机关进行的重定向决定了一大部分财富的分配。”

“我们应强调一点，早期的美国人既不会比他们之前几个世纪辛苦劳作的人们更聪明，也不会更努力工作。但是这些富有冒险精神的前辈们创造出了一个能挖掘人类潜能的系统，他们的后辈也能在这个基础上继续创造。”

解读：市场经济体系是支撑美国经济长期螺旋式上升的基石。这只“看不见的大手”在过去240年为美国经济贡献了最大的隐形力量。虽然经济形式有好有坏，但总的趋势是向上发展，这是长期投资可以获胜的基础。

2. “美国企业和一揽子股票在未来将必定更有价值。创新、生产力发展、企业家精神和富足的资本都将有所助益。无处不在的怀疑论者们可能通过宣传他们的悲观预期而发迹。但是如果他们按照他们宣传的废话行动，那么只有上帝才能帮助他们了。”

“当然，许多公司将被甩在后面，一些公司将倒闭。这些企业被淘汰是市场活力的结果。而且，未来将偶尔发生市场大幅下跌甚至恐慌，这将对所有股票产生实质性影响。没人能告诉你们这些冲击将何时发生。我做不到，查理做不到，经济学家们也做不到，媒体更无能为力。美联储的梅格·麦康奈尔曾贴切地对这一恐慌现实进行了描述：‘我们花了很多时间寻找系统性风险，然而事实上它倾向于找我们。’”

“在这样可怕的岁月里，你们应该牢记两点：首先，大范围的恐慌是作为投资者的你们的朋友，因为它会提供物美价廉的资产；其次，个人恐慌是你的敌人，这是毫无必要的。那些避开高成本和不必要成本，持有许多大型、适当筹资的企业的股票，并坐等较长一段时间的投资者们，将必定能够获得不错的收益。”

解读：巴菲特称，怀疑论者们在进行“废话行动”，这是他首次在致股东信中对怀疑论者给予正面的回应与抨击。担心世界末日毫无必要，真的来了也只能求助上帝。“系统性风险”喜欢主动找到我们，而不是被我们找到。

知易行难：2017 年致股东的信

市场起起伏伏，前路难以预测，巴菲特在信中给出了自己公司股价历史上的四次重挫，以此说明长期投资不易。

1. “关于新的会计准则，我必须告诉你们：美国通用会计准则（GAAP）在未来的季度和年度报告中，将严重扭曲伯克希尔的净利润数字，还会经常误导评论员和投资者。”

“新规则规定，我们所持有股票的未实现投资收益和亏损的净变化值必须纳入净利润数据。这一要求将导致我们的美国公认会计准则利润数据产生剧烈和反复无常的波动。伯克希尔拥有 1700 亿美元的可交易股（还不包括我们持有的卡夫亨氏股份），在每个季度报告期内，这些持股的价值可能轻易变动 100 亿美元，甚至更多。”

“在报告的净利润中包括如此大的波动，会淹没能描述我们经营业绩的真正重要数字。如果出于分析目的，伯克希尔的‘盈利’将毫无用处。”

解读：巴菲特在入主伯克希尔 - 哈撒韦公司后的投资业绩，指的是这家公司的历年净资产增长。由于会计准则的原因，净资产的波动相对较小，所以巴菲特的长期投资业绩看上去相对平稳。会计准则变动后，情况可能会有所不同。

2. “在我们搜寻新的独立企业时，注重的是——持久的竞争力、有能力且高品质的管理团队、经营业务所需的有形资产净值具有良好的回报率、内部增长带来可观的回报的机会，以及最后一点，合理的收购价格。”

解读：选择投资标的时，具备持久竞争力与内生性增长动力是关键因素。从另一个侧面也可以看出，外延式并购产生的增长要谨慎对待。

3. “查理和我认为伯克希尔持有的可交易普通股是一种商业利益，而不是根据其‘图表’的形态、分析师的‘目标价’或媒体专家的意见而进行买卖的股票代码。相反，我们简单地认为，如果投资对象的业务成功（我们相信大多数投资对象都会成功），我们的投资就也会成功。有时候我们的投资回报微薄，偶尔也会获得巨大回报，有时候我会犯一些代价昂贵的错误。从整体而言，长期来看，我们会收获体面的结果。在美国，股市投资者都是顺心如意的。”

解读：巴菲特再次强调，伯克希尔购买的是一种商业利益，而不是图表形态等。

4. “伯克希尔公司本身就极好地说明了短期的价格随机波动，可能掩盖长期的价值增长。在过去的53年当中，伯克希尔通过将盈利进行再投资并让其产生复利的方式创造了奇迹。年复一年，我们砥砺前行。但是，伯克希尔股票仍然经历了4次重挫，以下就是惨案的细节：

时期	最高股价	最低	跌幅
1973年1月—1975年1月	93	38	(59.1%)
1987年10月2日—1987年10月27日	4250	2675	(37.1%)
1998年6月19日—2000年3月10日	80900	41300	(48.9%)
2008年9月19日—2009年3月5日	147000	72400	(50.7%)

“这个表格为我反对借钱炒股提供了最有力的论据。因为完全无法预测短期内股票会跌到什么程度。即使你借的钱很少，你的仓位也没有受到市场下挫的直接威胁，但你的头脑也许会受到恐怖的媒体头条与令人窒息的评论的影响，从而惊慌失措。一旦心无静气，你就很难做出好的决定。”

解读：伯克希尔公司的股价从1960年末的最低不到10美元，涨到目前的每股30万美元，期间是经历了巨大的波动与起伏的。如果不能忍受这种巨大的波动，也就无法享受这种长期的巨额回报。

5. “从本质上讲，Protégé 作为一家对华尔街十分熟悉的咨询公司，它选择了五位投资专家，后者又聘请了数百名投资专家，每位投资专家管理着他（她）自己的对冲基金。这个组合是一个精英团队，充满了才智，激情和自信。

“五个基金中的基金管理人员还拥有另一个优势：他们可以，也确实可以，在十年内重组他们的对冲基金投资组合，投资新的‘明星基金’，同时退出那些表现欠佳的对冲基金。

“Protégé 的每一位经理都获得很多激励：基金的基金经理和对冲基金经理，都可以获得很大的收益，即使这些是因为市场总体向上而获得的收益（从我们掌控伯克希尔以来的43年里，标普500指数的上涨年份远超下跌年份）。以下就是这场赌博的最终结果：

年	基金 A	基金 B	基金 C	基金 D	基金 E	标普指数基金
2008	-16.5%	-22.3%	-21.3%	-29.3%	-30.1%	-37.0%
2009	11.3%	14.5%	21.4%	16.5%	16.8%	26.6%
2010	5.9%	6.8%	13.3%	4.9%	11.9%	15.1%
2011	-6.3%	-1.3%	5.9%	-6.3%	-2.8%	2.1%
2012	3.4%	9.6%	5.7%	6.2%	9.1%	16.0%
2013	10.5%	15.2%	8.8%	14.2%	14.4%	32.3%
2014	4.7%	4.0%	18.9%	0.7%	-2.1%	13.6%

续表

年	基金 A	基金 B	基金 C	基金 D	基金 E	标普指数基金
2015	1.6%	2.5%	5.4%	1.4%	-5.0%	1.4%
2016	-3.2%	1.9%	-1.7%	2.5%	4.4%	11.9%
2017	12.2%	10.6%	15.6%	N/A	18.0%	21.8%
总收益	21.7%	42.3%	87.7%	2.8%	27.0%	125.8%
年平均收益	2.0%	3.6%	6.5%	0.3%	2.4%	8.5%

“这五只基金开端良好，在2008年都跑赢了指数基金，然后房子就塌了。在随后的9年，这五只基金作为一个整体，每年都落后于指数基金。

“我要强调的是，这10年，市场行为并没有任何异常之处。

“如果在2007年底对投资‘专家们’进行调查，问他们普通股的长期回报率是多少，他们的答案很可能接近8.5%，即标准普尔500指数的实际表现。在当时的环境下，赚钱应该是很容易的。事实上，华尔街的专家赚取了巨大的利润。虽然这个群体赚钱了，但投资他们的人经历了一个‘失落的十年’。”

解读：巴菲特与对冲基金经理的十年赌局结果表明，长期而言跑赢指数是非常不容易的事。入选的五只基金甚至没有一只跑赢标普500指数，更别说平均值了。这也从另一个侧面说明过分强调对冲风险，长期而言很可能收益平平。

6. “这次打赌让我们得到另一个重要教训。虽然市场通常是理性的，但偶尔也会变得疯狂。抓住市场机会并不需要大智慧，不需要经济学学位或熟悉华尔街的术语，比如alpha与beta。**投资者真正需要的是不要理睬大众的恐惧与贪婪，而要把注意力集中在几个简单的基本面上。**愿意被其他人在很长时间里认为没有想象力，甚至愚蠢也是必要的。”

解读：投资是一件非常典型的知易行难的事情。巴菲特的投资原则和方法虽然简单，但要长期坚持，却难上加难。这需要克服人性深处的很多弱点，在致股东信中，他提到了恐惧与贪婪、从众心理、不安寂寞、渴求被赞扬等。能长期无视外界的干扰，固守自己的能力圈，确实知易行难。这也许也是巴菲特长期远离华尔街，固守在远离金融核心的奥马哈的原因。

后 记

巴菲特之所以值得所有投资人敬仰和学习，不仅仅是因为他的投资业绩最好，在投资中赚的钱最多，是首屈一指的超级富豪，还因为他虽然通过投资赚取了大量财富，但从不吝啬，甚至极度慷慨。2006年，他把85%的资产，相当于380亿美元，全部捐赠给了慈善机构。早在几年前，他就已经许下了承诺，宣布自己名下99%的资产将捐献给慈善事业。因此，巴菲特也被美国人亲切地称为“除了父亲之外最尊敬的人”，而且还获得了象征美国公民最高荣誉的总统自由勋章。

巴菲特曾说过，他的目的不是赚钱，而是享受赚钱的乐趣。我们学习巴菲特的目的也不完全是为了赚钱，而是学习他做人、做事、做投资的基本原则，这些原则不仅可以帮我们解决投资路上的疑惑，而且可以帮我们树立正确的人生观、价值观和世界观。“向大师学习几个小时，胜过自己苦苦摸索十几年”，希望读完这本书之后能对您的投资和生活有些许帮助。

最后，感谢好友冯少问在润色和校对方面对本书的贡献。